旅する教会

再洗礼派と宗教改革

永本哲也、猪刈由紀
早川朝子、山本大丙 [編]

新教出版社

目　次

プロローグ

永本哲也

「主イエスは、誰にも彼の栄光を押しつけたりしない。自ら望み、準備する者のみが、真の信仰と洗礼を通じて栄光を得るのである。(1)」

殉教する「再洗礼派」

1527年1月5日、フェーリクス・マンツはスイスの都市チューリヒのリマト川で溺死刑に処せられた。マンツは舟に乗せられ、下流の小屋の前で縛り上げられ、水中に投ぜられた。当時のチューリヒでは、ツヴィングリの指導のもと市内で宗教改革が進められており、市当局もそれを公認していた。しかし、ツヴィングリの支持者の中から彼と袂を分かち、彼とは異なるやり方で宗教改革を行おうとする人々が現れた。チューリヒ市当局やツヴィングリは彼らを危険視し、「再洗礼派」と呼んで迫害した。

フェーリクス・マンツは再洗礼派だった。それゆえ、宣教活動の最中にくりかえし逮捕され、

図１　フェーリクス・マンツの溺死刑

最後には処刑されたのだった。その後、多くの再洗礼派がチューリヒのみならずヨーロッパ各地で迫害を受け、処刑された。再洗礼派にとって、信仰のために死んでいった同志たちは、紛れもなく殉教者だった。再洗礼派の殉教者伝の集大成が、１６６０年に出版された『血まみれの劇場もしくは殉教者の鑑』だ。[2] 冒頭の引用は処刑前にマンツが仲間に残したとされる言葉で、この書に収められている。この書にはマンツ以外にも８００人ほどの殉教者の記録が載せられているが、処刑された再洗礼派の総数は２０００～３０００人に上ると推定されている。[3]

　再洗礼派の歴史は、迫害や殉教と不可分だった。このような厳しい迫害を受けた再洗礼派とはいったいどのような人々だったのだろうか。

再洗礼派

1517年にマルティン・ルターが「95箇条の提題」を公表してから、ドイツを中心としたヨーロッパ各地で宗教改革が始まった。それから10年も経たない1525年に再洗礼派は誕生した。再洗礼派もまたルターとは異なったやり方で宗教改革を行おうとした者たちだった。「再洗礼派 Wiedertäufer/Anabaptist」とは、幼児洗礼を認めず、成人が自らの自由意志に基づき受ける信仰洗礼のみを認める人々を指す呼び名だ。再洗礼派は、まだ分別がなく信仰を自覚できない幼児への洗礼は無効であると見なし、洗礼が効力を得るためには洗礼を受ける際に受洗者が悔い改めを行い、キリストに従って生きると決意することが必要だと考えた。冒頭のマンツの言葉はまさに、何者かに強制されることなく、自らの信仰に基づき自発的に行われた洗礼によってのみ神の栄光を享受できるという考えの現れだった。

彼らはこのような洗礼観ゆえに、カトリック教会からもプロテスタント正統派からも迫害された。両宗派とも、全ての者は生まれてすぐに洗礼を受けキリスト教徒になることを自明視していたので、新生児への洗礼を否定するということは、全員が洗礼を受けていることを前提とした既存の社会や教会の基盤を根底から揺るがすことになりかねなかった。そもそも再洗礼の実施は、すでにユスティニアヌス法典において死刑と定められ禁じられていた。そのため、彼らは既存の世俗権力や教会から、反乱者であり異端だと見なされた。幼児洗礼を認める者にとって、成人洗礼は許されざる「再洗礼」に他ならない。つまり「再洗礼派」とは敵対勢力によってつけられた蔑称だった。しかし、再洗礼派自身は決して再度洗礼を受けたとは思っていなかった。生まれて間もない頃に受けた洗礼は無効、成人洗礼が唯一の正しい洗礼だと考えていたためだ。

様々な宗教改革

宗教改革と聞いて人々が思い起こすのは、ルターやカルヴァンといった偉大な改革者たちの名前や彼らの神学、そして彼らから派生した宗派だろう。

しかし、それ以外にも様々な宗教思想を持ち、多様な信仰を実践する宗派（教派）や個人が存在し、それぞれのやり方で宗教改革を行おうとする人々がいた。例えば、再洗礼派諸派、心霊主義者、反三位一体論者などだ。(4)

これまで、世俗権力と結びつき体制化されたルター派や改革派と、国教会を形成しなかった諸宗派や個人は区別されて考えられてきた。ルターなどの改革者やプロテスタント教会は、長らく再洗礼派などの少数派を「熱狂主義者」「反乱者」「異端」として否定的に評価してきた。歴史研究では次第にこのような傾向が弱まっていったが、１９６０年代までにそうした少数派を包括して把握しようと提起された「宗教改革の左翼」「宗教改革急進派」という概念でも、彼らは既存の権力に背を向けた急進的な者たちとして、ルター派や改革派からははっきり区別されていた。[5]

しかし近年の歴史研究では、宗教改革は一枚岩ではなく、様々な改革の試みを含む運動だったという見方が広まっている。[6] この宗教改革には、再洗礼派のようなプロテスタントの少数派だけでなく、場合によってはカトリックも含まれる。カトリックも中世後期から近世にかけて様々なかたちで改革を行おうとしており、その試みもまた「宗教改革」の中に位置づけようという研究者が増えてきている。[7] また宗教改革の初期には、再洗礼派や心霊主義者だけでなくルターもツヴィングリも急進的だったのであり、両者をその急進性によって区別するという旧来的な分類法に対する批判も出てきている。[8] つまり、ルター派や改革派を主流派として特権化しそれ以外の改革の動きと区別する見方から、再洗礼派やカトリックも含めて様々な集団や個人がそれぞれの宗教的理想に基づいて様々なかたちでキリスト教の改革を行おうとしており、それらはどれも等しく「宗教改革」だったという見方へと変わってきているのだ。

再洗礼派たちもまた、ルターやカルヴァンとは異なったかたちで宗教改革を行おうとした人々だった。そのため、彼らの歴史もまた、他の宗教改革諸派と同じように宗教改革の歴史の欠くことのできない一部なのだ。

しかし、宗教改革だけでなく、再洗礼派も一枚岩ではなく多様性があった。彼らは統一的な組織を持たず、様々な宗派に分かれており、分裂、交流、合流を繰り返した。教えや信仰生活も多様だった。彼らの歴史をたどることで、再洗礼派がいかに多様で流動的だったかが浮かび上がってくるだろう。

宗派化の時代の宗教的少数派

宗教改革が各地で広まると、諸々の国家、領邦、都市がカトリック教会から離脱し、宗教改革を導入し始めた。こうしてカトリック教会だけでなく、ルター派や改革派といったプロテスタント教会もまた、世俗の権力と結びついた国教会としての地位を確立することとなった。神聖ローマ帝国では、1555年のアウクスブルクの宗教平和、1648年のヴェストファーレン平和条約の結果、諸侯や都市当局は自分たちの領地や都市の宗派を、カトリック、ルター派、改革派の三宗派の中から選択できるようになった。そのため、異なった宗派を国教会とする領邦や都市が隣り合うという状況が生まれた。それぞれの領邦や都市は、自分たちの支配領域で公認宗派の教義や典礼、価値観を浸透させ、宗派的統一性を確立しようと宗派化を進めた。(9)

それは必然的に、内部に残っている他宗派の住民を自宗派に改宗させるか、さもなければ排除しようという試みを伴った。こうして、国教会としての地位を得ていない再洗礼派のような宗教的少数派は、宗派化が進んでいくヨーロッパの各地で排除の対象となり、迫害を免れえなかった。そして、その迫害によって、多くの再洗礼派集団は消滅した。

しかし、その迫害を乗り越えてメノー派やフッター派は近世という時代を生き残った。そして、近代になり西欧の各国で信教の自由が認められるようになると、再洗礼派もまた他の信仰を持つ人々と同じ権利を持つ「国民」になっていった。こうして彼らは、迫害されるべき宗教的少数派ではなく、社会の一員となった。

それでは、いかにして彼らは、近世の厳しい政治状況の中、自身の信仰を保ち続けることができたのだろうか？　彼らの旅を通して、宗教的少数派と国家や社会の関係が、西洋でどのように変化したかが浮かび上がってくるだろう。

旅する教会

安住できる国家を持たない再洗礼派の教会は、生き残るために迫害のたびに移住し新たな安住の地を求めた旅する教会だった。しかし、近世に宗教的な理由で移住していたのは、再洗礼派だけではなかった。カトリックであれ、ルター派であれ、改革派であれ、それ以外の少数派であれ、自分が住んでいる場所の公認宗派と自分の信仰が違う場合には迫害を受け、移住することがあった。

その移住先はヨーロッパだけとは限らなかった。イングランドを宗教的理由で離れたピューリタンが向かった先は新大陸アメリカだった。アメリカには国教が存在せず、既に近世のうちにロードアイランドやペンシルベニアのような信教の自由が認められていた場所があったため、多くの宗教的少数派が移住してきた。

もちろんアメリカに移住しようとしたのは宗教的少数派だけではなかった。農地や仕事を求めてヨーロッパからアメリカに渡る人々は膨大な数に上った。ヨーロッパからアメリカへ移住する人の流れは近現代まで途切れることがなかった。そして、再洗礼派もまた、そのような人の流れに乗り新大陸に渡っていった。

16世紀から現代までの500年は、キリスト教がヨーロッパ人の宣教により全世界へと広がっていく過程だった。大航海時代以降、イエズス会士をはじめとするカトリックの宣教師がアジアや南米で宣教を行った。18世紀半ば以降、プロテスタント諸宗派も世界宣教を活発に行うようになり、全世界にキリスト教を広げていった。今では、キリスト教人口の過半数は、アフリカ、南米、アジアに住んでいる。再洗礼派もまた、19世紀以降世界宣教を行い、世界中に教会を作った。現在では日本にもメノー派の教会が存在している。

本書の目的と構成

本書は、再洗礼派を中心に宗教改革の歴史をその前史から現代まで概観しようという試みだ。その際これまで述べてきたように、再洗礼派と宗教改革の多様性と流動性、再洗礼派と社会の関係、再洗礼派の移動と拡散の三つの点を重視しながら、複雑な彼らの歴史を描き出していく。

本書は三部構成になっている。第1部「再洗礼派の誕生と受難」は、16世紀に宗教改革が始まった後、再洗礼派が誕生し広まっていった初期の段階を追いかける。冒頭で紹介したマンツらがチューリヒで最初に信仰洗礼を行ってから、再洗礼主義はドイツ、オーストリア、低地地方など他のヨーロッパ地域でも見られるようになり、心霊主義や終末論と結びつくなど多様な運動となった。そうした中、公権力と結びついた教会形成を目指したバルタザル・フープマイアー、終末の間近な到来と背神者たちに対する武装蜂起を構想したハンス・フートやミュンスター再洗礼派の試みは潰え、非暴力・無抵抗の立場をとるスイス再洗礼派、フッター派、メノー派が生き残ることになる過程が描かれる。

第2部「再洗礼派の諸相」では、再洗礼派の歴史の大きな流れを概観しただけではこぼれ落ちてしまう様々な側面を描き出す。そこでは、中世後期の宗教運動と再洗礼派の関係、ミュンスター事件に見られるメディアの中の再洗礼派像、都市ケルンを中心とした再洗礼派のネットワーク、イタリアのラディカルたち、再洗礼派とジェネラル・バプテストの出会い、再洗礼派の賛美歌集『アウスブント』、殉教者列伝『殉教者の鑑』に光を当てる。

第3部「近代化する社会を生きる再洗礼派」では、再洗礼派内での主要な宗派が確立された17世紀から現代までの彼らの歴史を追いかける。ヨーロッパ社会が近世から近代に移行するこの時代に、再洗礼派を取り巻く状況は変化し、彼らの多くは最終的に故郷ヨーロッパを離れ新大陸に渡ることになった。そして北米で地歩を築いた再洗礼派は、全世界で宣教し信徒を広げていくことになった。その過程で、国民国家の成立や社会の近代化、社会やキリスト教のグローバル化という大きな変化に、再洗礼派がどのように対応していったかが明らかにされるだろう。

再洗礼派の旅は、16世紀初めのヨーロッパで宗教改革が進んでいく渦中で始まった。旅の行程はヨーロッパから新大陸、そして全世界へと広がり、私たちが住む日本にまでたどり着く。この再洗礼派の長い長い旅を、これから私たちはたどっていくことになる。

（1）Thielem J. V. Braght, *Der blutige Schauplatz, oder Märtyrer-Spiegel der Taufs-Gesinnten oder Wehrlosen Christen, die um des Zeugnisses Jesu, ihres Seligmachers, willen gelitten haben und getödtet worden sind, von Christi Zeit an bis auf das Jahr* 1660 (Elkhart 1870), 2.

（2）『殉教者の鑑』というタイトルは、1660年刊の初版にはなく1685年刊の第二版から加えられた。詳しくは本書第2部7章を参照。

（3）再洗礼派の迫害とその記憶については以下を参照。Brad S. Gregory, "Anabaptist Martydom: Imperatives, Experience, and Memorialization," in *A Companion to Anabaptism and Spiritualism*, 1521-1700, eds., John D. Roth and James M. Stayer (Leiden and Boston 2007), 467-506.

（4）本書では余りに多様な宗教改革から生まれた少数派を網羅的に扱うことはできない。彼らの概観については以下を参照。Hans-Jürgen Goertz, *Religiöse Bewegungen in der Frühen Neuzeit* (München 1993); George Huntston Williams, *The Radical Reformation*, 3rd ed. (Kirksville 1995).

（5）1960年代までの再洗礼派研究史については以下を参照。倉塚平「序説　ラディカル・リフォーメーション研究史」（倉塚平他編『宗教改革急進派』ヨルダン社、1972年）26―49頁。

（6）宗教改革の多様性については以下を参照。R・W・スクリブナー、C・スコット・ディクソン（森田安一訳）『ドイツ宗教改革（ヨーロッパ史入門）』（岩波書店、2009年）59―70、84―85頁。近年ではその多様性を示すために、宗教改革を単数形ではなく複数形で呼ぶ研究者も現れている。Hans-

Jürgen Goertz, *Pfaffenhaß und große Geschrei. Die reformatorischen Bewegungen in Deutschland 1517-1529* (München 1987), 244f.; Carter Lindberg, *The European Reformations*, 2nd ed. (Malden 2010).

（7）宗教改革研究におけるカトリックの位置づけの概観については以下を参照。Wietse de Boer, "An Uneasy Reunion The Catholic World in Reformation Studies," in *Archiv für Reformationsgeschichte* 100 (2009), 366-387. デ・ブールは、カトリックとプロテスタントの宗教改革に平行関係を見いだす研究がある一方、両者の研究は未だ完全に統合されてはいないと指摘している。ただし管見の限り、21世紀に出版された宗教改革の概説書や通史では、必ずカトリックの動向についても触れられており、カトリックを排除しプロテスタント諸派のみを対象とする宗教改革史は既に例外的になっているように思われる。上で挙げたLindberg, *The European Reformations* でも、「諸宗教改革」の中にはカトリックも含まれている。

（8）Hans-Jürgen Goertz, "Die Radikalität reformatorischer Bewegungen. Plädoyer für ein kulturgeschichtliches Konzept," in *Radikalität und Dissent im 16. Jahrhundert*, eds., Hans-Jürgen Goertz and James M. Stayer (Berlin 2002), 29-41.

（9）宗派化論については以下を参照。踊共二「宗派化論――ヨーロッパ近世史のキーコンセプト」（『武蔵大学人文学会雑誌』第42巻第3・4号、2011年）221―270頁；Heinz Schilling, "Die Konfessionalisierung im Reich. Religiöser und gesellschaftlicher Wandel in Deutschland zwischen 1555 und 1620," in *Historische Zeitschrift* 246 (1988), 1-45; Wolfgang Reinhard, "Konfession und Konfessionalisierung in Europa," in *Bekenntnis und Geschichte. Die Confessio Augustana im historischen Zusammenhang*, ed. idem (München 1981), 165-189.

第1部　再洗礼派の誕生と受難

1 偽りの教えを説く悪魔
ルターの宗教改革と再洗礼派

早川朝子

「彼ら〔再洗礼派〕は、『信じて洗礼を受ける者は救われる』という聖書の記述に基づき、誰にも洗礼を授けてはならない、その前に信じなくてはならないと考えている。……そのような考えに従うならば、受洗者が信じていると、確実にわかるより前に洗礼を授けてはならないことになるが、どのようにしてそのようなことがわかるのか。信じているのか否か、人々の心の中がみえるというのならば、彼らは神になったとでもいうのか。[1]」

宗教改革の予期せぬ展開

1505年7月のある日、マルティン・ルターはエルフルト近郊のシュトッテルンハイムで雷に打たれた。[2]恐怖の中で「私は修道士になります！」と叫んだルターは、当時学んでいた大学の法学部をやめてアウグスティヌス修道院に入会した。修道会の命により大学で神

図２　ルター記念碑
（シュトッテルンハイム）

学研究にも励むようになり、１５１１年にヴィッテンベルクへ移籍し翌年に神学博士となってからは、教授として聖書講義を担当することになった。

ルターは修道士として非の打ちどころのない生活をしていたが、罪深き人間を裁き罰する、「義なる神」への恐怖に絶えず苦しんでいた。そうした中、「塔の体験」を通して、神の「義」についての新たな認識を得るに至った。「詩篇」講義の準備を進めていた時、第71編の「あなたの義によって私を解放してください」の「あなたの義」、つまり「神の義」とは「神が人間に与える義」、「贈り物」だと気づいたのだ。またそれは、「神の義は、その福音の中に啓示され、信仰に始まり信仰に至らせる」（「ローマ信徒への手紙」第１章）とあるように、イエス・キリストを通して与えられたのだ。「神の義」を「神の正しさ」と捉え、神はその正しさでもって人間を裁き罰するというこれまでの理解では、「解放」すなわち「救い」と結びつけることはできない。カトリック教会は救いに与るための善行を定めたが、人間はいかにしても罪を免れることができないのであり、むしろ罪ある存在のまま、キリストの受難と十字架を受け入れ信じることにより、義とされ救われるのだ。こうしてルターの宗教改革の基本原理である「信仰義認論」が成立した。

宗教改革のはじまりとされる1517年の「95箇条の提題」は、当時盛んに行われていた贖宥状販売を批判したものだ。キリストが「悔い改めよ」と言われた聖書の教えを説き明かすことなく、金銭による贖罪の免除や安易な救済を説く贖宥説教師たちに対して、ルターは怒っていた。そこで大学の神学討論において贖宥状の問題を取り上げようと、「95箇条の提題」を発表したのだったが、これがルターの意に反して、数多く印刷され広範囲で知られるようになった。賛成派と反対派の対立が激しさを増し、ルター自身も、信仰の問題においては聖書のみが参照されるべきという「聖書主義」の立場を明確にして、カトリック教会との対決姿勢を強めていった。1520年には多数の著作を公刊し、『キリスト教界の改善について、ドイツ国民のキリスト教貴族に与える』では、「万人祭司主義」を展開して特権的な聖職身分を痛烈に批判した。翌1521年になると、年明け早々にローマ教皇レオ10世より破門され、4月のヴォルムス帝国議会では神聖ローマ皇帝カール5世より帝国追放を宣告された。法的保護を剥奪された中、ルターはヴィッテンベルクへの帰途についたが、その途上でザクセン選帝侯フリードリヒの計らいによりヴァルトブルク城に匿われたことはよく知られている。

翌年3月にルターはヴィッテンベルクに戻っていた。改革を早急に進めようとするアンドレアス・カールシュタットらの過激な行動に対処するためだった。聖像が破壊され、修道院が解散させられ、パンとぶどう酒による聖餐が実践されるなど、カトリック教会の儀式や慣習が矢継ぎ早に廃止・改変されていったが、住民の多くはその急進性についていけず、市内は大混乱に陥っていた。地道な説教活動を通して改革思想を広めていきたいと考えるルターにとって、新しい思想が内面的に受け入れられる前に外面から変えていこうとするカールシュタットのやり方は、容認できるものではなかった。ルターはその後も、カトリックだけでなく、宗教改革に共鳴しながらも、ルターの意に沿わない方向へと逸脱していってしまう勢力にも悩まされることになる。聖書よりも聖霊の働きかけを重視するトーマス・ミュンツァー、宗教改革理念を後ろ盾に蜂起する農民たちに続いて、再洗礼派もそのような勢力の一環として登場する。

ルターの再洗礼派理解

１５２０年代後半にその存在が顕著になる再洗礼派について、ルターも情報を得ていた。(3) しかしルターの著作の中で、再洗礼派を批判・論駁するために執筆されたものは一冊もない。再洗礼派について最も多くのことが記述されている、１５２８年の『再洗礼派について二人の牧師に与える』も、ある二人の牧師から、再洗礼派にどのように対処すべきか助言を求められ書かれたものだ。

『再洗礼派について二人の牧師に与える』の中でルターは、再洗礼派の洗礼理解をめぐる諸問題を神学的に明らかにする。そして冒頭の引用にあるように、そもそも神でない限り、受洗者が本当に信じていると確信することは不可能として、「信じて洗礼を受ける」という再洗礼派の基本原則を否定する。「神は全世界と盟約を結ばれたのであり……その盟約のしるしに神は洗礼を定められ命じられた」と述べるルターにおいて、洗礼から子供を排除する理由はない。「我々が洗礼を受けるのは、信仰を確信したからではなく、神が命じられたからだ。自分の信仰に確信をもてなくなったとしても、神が洗礼を指示され命じられたことは確信している」のだ。(4)

再洗礼派の説教が人目につかない所で密かに行われていたことにも、ルターは穏やかならぬものを感じていた。迫害を受けた結果なのだが、ルターは、「彼らが僻地を歩きまわって家々の中へと忍び寄り、公の場に姿を現さないのは、悪魔であることの確かなしるし」とみていた。(5)悪魔の使者たちは「隠れ説教（Winkelpredigt）」を通して偽りの教えを説くだけでなく、時に反逆や殺戮をも企て教会に分裂と混乱を生じさせる。(6)再洗礼派は、地上に王国が築かれそこですべての背神の徒が打ち殺される、またその際にキリストが剣の使用を奨励されると説いているが、これらは偽りの教えだ。(7)すべての再洗礼派がミュンツァーの思想や終末論と結びつくわけではなく、非暴力的な再洗礼派の存在もルターは認識していた。しかし、ルターは再洗礼派の指導者個人の思想や個々のグループそれぞれの特色について、正確に把握してはいなかった。再洗礼派は宗教改革陣営にありながら、悪魔にそそのかされ正しい教えから逸脱してしまったのであり、その点ではツヴィングリやミュンツァーも同類だった。(8)

再洗礼派への処罰をめぐって

再洗礼派に対してルターはどのように対処すべきと考えたのか。1528年の時点では、「それぞれに信じたいものを信仰させるべきだ。信仰が間違っていた場合、その者は地獄の永遠の火でもって十分に罰せられるはずだ。信仰においてのみ誤っていて、反乱を起こし支配者に抵抗したわけではないのに、なぜ彼らを現世で苦しい目に遭わせるのか」と述べて、再洗礼派だというだけで弾圧される現状を批判していた。(9)「二王国論」を展開し世俗の統治権力には従わなくてはならないとするルターにとって、それに公然と抵抗することは「反乱を起こすような（aufrührerisch）」行為であり、そのような再洗礼派だけが厳罰に処されるべきだった。

ところが1530年になると、「聖書をもとに明らかにされ、キリスト教会を通して全世界で信じられている公の信仰に反することを説く」再洗礼派は、「公然たる瀆神者（öffentliche Lästerer）として罰せられなくてはならない」との見解を示した。(10)「反乱を起こすような」ことはなくても、公的に認められた信仰と異なる教えを説くこと自体が瀆神行為として処罰の対象となった。そもそも「一つの教区や管区において相互に矛盾するような説教が行われるのはよくない」のであり、また「キリスト教徒はすべて祭司（Priester）だが、すべてが教区司祭（牧師）（Pfarrer）ではない」として、正式に任じられていないにもかかわらず教えを説き、人々を惑わす再洗礼派の説教師たちを批判する。同様にルター派の説教師も、カトリックや異端の教区など委任されていない場所で教えを説いてはならなかった。[11]
さらにルターは、再洗礼派の異端に対しては、「反乱を起こすような」ことがあろうとなかろうと、死刑を含む厳罰をもって対処すべきとする鑑定書に署名している。鑑定書は、ルター派の領主や市当局が、再洗礼派の問題について宗教改革派の神学者たちに助言を求めた際に、ルターのよき協力者だったフィリップ・メランヒトンが作成したものだ。ここでルターは当初の立場を放棄してしまったように思えるが、そうではない。「信じたいものを信仰してよいのだから、誰も信仰を強制されることはない。それを説いたり冒瀆したりすることのみ禁止されている」と述べ、[12]公に表明さえしなければ、何を信仰しようと咎められることはないのだ。
1540年代になると、再洗礼派はそれほどの脅威ではなくなった。ルターはそれでもなお「再洗礼派は二つに分けられる」と述べ、統治権力への抵抗を説く「反乱を起こすような」者たちだけは処刑すべきと考えていた。[13]

ルターの後半生と宗教改革のゆくえ

カールシュタットをヴィッテンベルクから追放した後、ルターは生涯同地に留まった。大学で聖書講義を続けるとともに、説教を通して聖書のことばを示し、改革の必要性をゆっくりと解き明かしていった。礼拝では、誰もが理解できるようドイツ語が使用され、また誰もが歌えるよう讃美歌が導入された。信仰に関する事柄には一般信徒も主体的に関与すべきなのだ。さらには特権的聖職身分である修道士をやめ、１５２５年に元修道女カタリーナ・フォン・ボーラと結婚し家庭を築いた。子育てする中で、聖書のことばが日々の家庭生活において伝えられることの大切さを知り、『小教理問答』を通して教育の普及にも努めた。

１５４６年にルターがたまたま訪れていた生地アイスレーベンで死去すると、その年にシュマルカルデン戦争が勃発した。皇帝を中心とするカトリック陣営の勝利に終わったが、１５５５年のアウクスブルク帝国議会においてルター派はカトリックと並ぶ公認宗派となった。しかし宗教改革陣営は一枚岩ではなく、それまでの経過の中で登場した指導者の中には、ルターと決裂し独自に改革を進める者たちがいた。またルター派内部でも、１５４８年の「仮信条協定」の導入をめぐる対立をきっかけに、メランヒトンを支持する「フィリップ派」と、ルターの教義を純粋に守ろうとする「純正ルター派」とに分裂していく。

（１）“Von der Wiedertaufe an zwei Pfarrherrn” (1528), Martin Luther, Werke [hereafter WA] 26, 154.
（２）ルターの宗教改革と生涯については、ローランド・ベイントン（青山一浪・岸千年訳）『我ここに立つ――マルティン・ルターの生涯』（ルーテル社、１９５４年）、徳善義和『マルティン・ルター――ことばに生きた改革者』（岩波書店、２０１２年）、R・シュトゥッペリヒ（森田安一訳）『ドイツ宗教改革史研究』（ヨルダン社、１９８４年）を参照。
（３）再洗礼派に対するルターの姿勢については、Karl-Heinz zur Mühlen, “Luthers Tauflehre und seine Stellung zu den Täufern”, in *Leben und Werk Martin Luthers von 1526 bis 1546*, ed. Helmar

Junghans (Berlin 1983), I:119-138, II:765-770; Erik Margraf, “Gottes Wort und Teufels Beitrag. Luthers Billigung der Täuferverfolgung aus der Sorge um das evangelische Bekenntnis”, *Zeitschrift für Religions- und Geistesgeschichte* 51-3 (1999), 193-216; John S. Oyer, “The Writings of Luther against the Anabaptists”, *Mennonite Quarterly Review 27* (1953), 100-110; Gottfried Seebaß, “Luthers Stellung zur Verfolgung der Täufer und ihre Bedeutung für den deutschen Protestantismus”, *Mennonitische Geschichtsblätter* 40, Neue Folge 35 (1983), 7-24; Walther Köhler and Harold S. Bender, “Luther, Martin (1483-1546)”, *Global Anabaptist Mennonite Encyclopedia Online*. 1957. Web. 20 Mar 2016. http://gameo.org/index.php?title=Luther,_Martin_(1483-1546)&oldid=128081 を参照。

（4）“Von der Wiedertaufe an zwei Pfarrherrn”, 164.

（5）Vorrede zu Justus Menius’ Schriften “Der Wiedertäufer Lehre und Geheimnis” (1530), WA 30: II, 212.

（6）“Von den Schleichern und Winkelpredigern” (1532), WA 30: III, 518-521.

（7）Vorrede zu Justus Menius’ Schriften, 213.

（8）WA Br 6, Nr. 1983, 400.

（9）“Von der Wiedertaufe an zwei Pfarrherrn”, 145-146.

（10）“Der 82. Psalm, ausgelegt” (1530), WA 31: I, 208.

（11）“Der 82. Psalm, ausgelegt”, 209, 211.

（12）“Der 82. Psalm, ausgelegt”, 208.

（13）WA Tr 5, Nr. 5232b, 20.

2 ルターから逸脱する改革者たち
カールシュタット、ミュンツァー、再洗礼派

永本哲也

「あなた〔ミュンツァー〕とカールシュタットとはわたしたちのところでは最も純粋な伝道者、そして最も純粋な神の言葉の説教者と尊敬されております。」[1]

様々な改革者たち

マルティン・ルターが１５１７年に「95箇条の提題」を公表したことを大きな契機として、宗教改革が急速に広がっていった。この宗教改革を支持する領邦や都市が次々に現れ、ルターに続いてカトリック教会から離脱していった。その勢力が急速に増大したため、聖俗のカトリック権力が彼らを押さえ込むことは困難になった。こうして、カトリック教会と宗教改革を支持するプロテスタント教会が並び立ち相争うという、宗派対立の時代が幕を開けた。

しかし、ルター派内部でも分裂が起こっていたことを見ても分かるように、プロテスタント

は決して一枚岩ではなかった。16世紀のヨーロッパには多数の自立した政治権力が並立しており、宗教改革の公認や制度化は彼らによって個別に行われた。特に初期段階では、宗教改革を支える理念や実践方法には多様性があった。各地の宗教改革は必ずしもルターの意に沿ったものではなく、スイスや西南ドイツではチューリヒの改革者フルドリヒ・ツヴィングリの強い影響の下宗教改革が行われていた。１５２９年にはルターとツヴィングリが聖餐論の違いをめぐって決裂し、ルター派やスイス改革派といった宗教改革諸勢力の同盟結成の試みは失敗に終わった。

しかし、ルターと異なる思想を持っていた改革者たちはそれ以外にも数多く存在した。コンラート・グレーベルもその一人だった。彼は元々ツヴィングリの支持者だったが、改革の進め方や洗礼観の違いなどが原因で彼と袂を分かつことになった。彼は、１５２５年1月21日にチューリヒで成人洗礼を行った再洗礼派の中心人物だった。

冒頭の言葉は、１５２４年9月5日にグレーベルと仲間たちがトーマス・ミュンツァーに宛てた手紙の一節である。彼らはこの時まだ成人洗礼を実行していなかったが、既にルターやツヴィングリら幼児洗礼を認める改革者の批判を始めていた。そんな彼らが自分たちと共通の信仰を持つと見なし接触を図っていたのが、カールシュタットとミュンツァーだった。彼らもまた、宗教改革が本格化してすぐにルターと決別し、敵対するようになった改革者たちだった。

カールシュタットの生涯と思想[2]

アンドレアス・ボーデンシュタイン・フォン・カールシュタットはヴィッテンベルク大学神学部の教授だったが、大学の同僚であるルターの改革思想を支持するようになった。１５２１年から22年にかけて、ルター不在のヴィッテンベルクで、カールシュタットと市参事会は様々な宗教改革を進めたが、その過程で民衆が繰り返し聖画像を撤去した。都市の君主ザクセン選帝侯はこれを騒擾だと見なし、カールシュタットに責任を求めた。そのため彼の活動は制限された。

彼は１５２３年にオルラミュンデに移住し、牧師として様々な改革を行った。彼とルターは１５２４年８月に討論会で論争したが、両者は決裂することになった。そのため彼は、翌月ザクセン選帝侯領を追放されることになった。両者の決裂の主な原因が、聖餐論の違いだった。ルターが聖餐式においてパンの中にキリストの身体が現在すると見なしたのに対し、カールシュタットはパンの中にキリストの身体はないと考えた。彼にとって聖餐とは、キリストの死を記念することだった。[3]

ザクセン追放後、彼は南ドイツやスイス各地を転々とした。この時期彼が洗礼について論じた著作を、グレーベルの仲間フェーリクス・マンツが出版しようとしていた。ルターが幼児洗礼を擁護していたのに対し、カールシュタットは洗礼の前には悔い改めと再生が必要だと見な

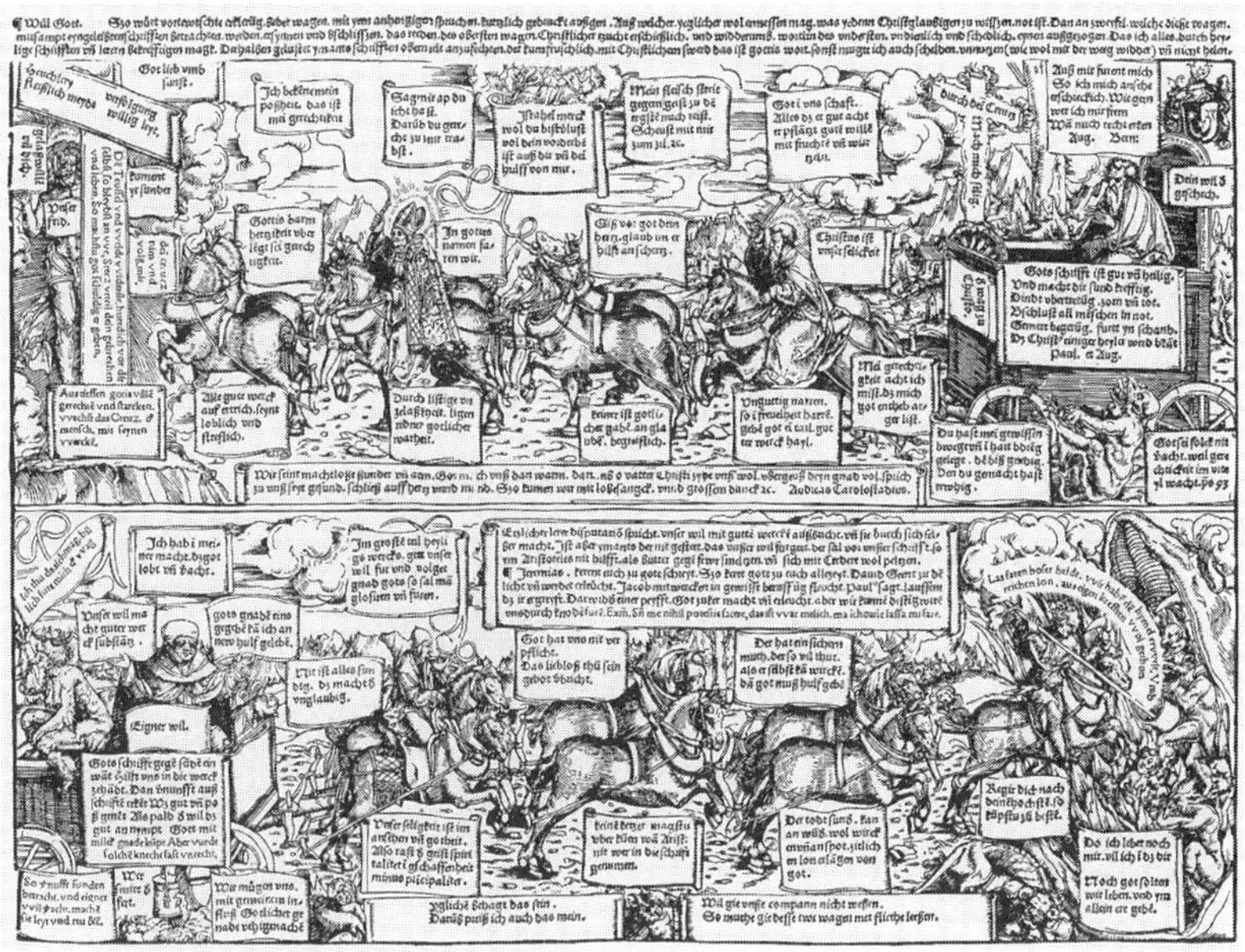

図3　アンドレアス・カールシュタット『馬車』

し、幼児洗礼を批判した。まだ信仰を持つことができない幼児に対する洗礼は無効であり、信仰を告白できるようになるまで洗礼を延期すべきであると主張し、実際に幼児洗礼実行を拒否した。[4] そのため、グレーベルたちは同じく幼児洗礼を批判する者として彼に期待していた。

カールシュタットの思想は、強い心霊主義的傾向を帯びていた。心霊主義 Spiritualismus とは、聖職者や聖書、儀式といった外的なものを軽視し、神の霊を媒介として神と人間が内面で直接的関係を結ぶことを重視した思想的立場だ。彼によれば、人があらゆる貪欲や情欲にまみれた古い生を放棄して、新しい生に生きるようになることで、古い生と罪の死が生じる。彼は、ただ神の霊によってのみこれは可能だと、人の内面における霊の作用を強調した。[5] そのため彼はサクラメントが恵みをもたらすという考えを否定した。洗礼や聖餐といった外的な行為は、それに先だって聖霊によって個々の信徒に生じた内的な再生を公に示すしるしだった。[6]

彼はルターに謝罪し、自身の聖餐論を撤回することでザクセン選帝侯領に戻ることを許されたが、結局１５２９年に再びその地を離れた。彼はシュトラースブルクの改革者マルティン・ブツァーらの推薦で、チューリヒのツヴィングリに迎えられた。1534年にはツヴィングリの後継者ハインリヒ・ブリンガーの推薦でバーゼル大学教授、聖ペテロ教会の牧師になった。彼は市当局やスイス・西南ドイツの改革者たちと協力しながらバーゼルの改革者として長年働き、１５４１年に生涯を終えた。

ミュンツァーの生涯と思想[7]

トーマス・ミュンツァーは大学で学位を取った後、１５１７年からヴィッテンベルクに滞在し、ルターたちの知遇を得た。彼はルター派となり、１５２０年にルターの推薦を受けツヴィカウ市で説教師職に就いた。

彼は１５２１年に説教師職を解任されるとボヘミアに赴いたが、１５２３年にはアルシュテットの司祭職を得て、市内で礼拝式の改革を行った。彼の礼拝式は周辺地域から多くの人々を集めたが、臣民に礼拝式出席を禁止したマンスフェルト伯と敵対するようになった。1524年春には彼の信奉者が近郊の礼拝堂を焼き払ったため、ザクセン選帝侯からの政治的圧力にもさらされた。

このような緊迫した状況の中、彼は既に密かに結成していた信徒たちの同盟を拡大した。その目的は、背神の徒に対する正当防衛だった。彼は先述のカールシュタットとオルラミュンデの共同体に同盟への参加を呼びかけたが、彼らからは拒絶された。

ルターとの関係は以前から次第に悪化していたが、1524年7月にルターが『暴動を起こす霊の持ち主について、ザクセン諸侯にあてた手紙』を出版したことで決裂が決定的になった。ルターは、ミュンツァーは偽りの霊に取り憑かれており、この世の権威を転覆し自らこの世の主になろうとしていると批判した。それに対しミュンツァーは、ルターは正しい聖霊を偽りの霊だとののしり、聖書を自分の心や霊の全体から理解せず、聖書の文字から信仰をでっち上げていると反論した。(8)

彼は1524年初めに公刊した『表明または提言』の中で、幼児洗礼は聖書に基づいておらず教会を堕落させたと批判している。(9)グレーベルたちはこの著作を読み、同じ信仰を持つ同志だと見なしたため、冒頭で挙げた手紙を彼に送った。ただし、ミュンツァーは成人洗礼を実行せず、幼児洗礼を行い続けており、幼児洗礼を廃止した再洗礼派とは洗礼観やその実践方法が異なっていた。彼は水の洗礼という儀式そのものには受洗者を救う効果はなく、行う必要はないと考えていた。しかし彼は幼児洗礼を止めることはなかった。それは、彼が幼児洗礼を、そこに集まる大人たちを教育する機会として利用しようとしていたためであった。[10] この手紙が送られた頃彼は既にアルシュテットを離れていたため、手紙は届かなかったと思われる。

選帝侯と市参事会によって同盟解散などの厳しい活動制限が命じられたミュンツァーは、結局1524年8月にアルシュテットを逃亡することになった。その後彼は8月半ばにミュールハウゼンに赴き、市内で宗教改革を進めた。彼は9月に市参事会によって追放されるが、1525年2月に再び市内に戻ってきてさらなる改革を行った。

4月にはテューリンゲンにも農民戦争が広がってきたが、ミュンツァー率いるミュールハウゼンの軍勢もこの戦いに加わった。5月15日にフランケンハウゼンで農民軍と諸侯軍が激突し、農民軍は壊滅した。ミュンツァーもこの時逮捕され、5月27日に処刑された。

ミュンツァーの思想も、強い心霊主義的傾向を示していた。彼によれば、神の畏れの霊は人間の内に極度の不安を引き起こすことによって不信仰を自覚させ、除去しようとする。このような苦難に耐えると聖霊の働きかけが有効になり、キリストの教えを正しく判断できるようになる。サクラメントも信仰も、もし信徒がキリストに倣い受難を準備し自分の内に聖霊の働きを経験しなければ無益だった。[11] このように彼は受難の覚悟とそれによって引きおこされる霊の働きが、人に救いの道を進ませると見なしていた。

聖化された選ばれた者は、聖職者や聖書学者、後には統治者のような背神の徒輩から分離され、被造物への畏れを生み出すことで神の統治を妨げている背神の徒輩や地上の権力を打ち砕く役割が与えられた。ミュンツァーの思想では、人間の内的変化と政治・社会の変革は不可分だった。彼が都市で改革を行い農民戦争を指揮したのも、このような思想に基づいてのことだった。

関わり合う改革者たち

二人の思想は、同時代や後世の改革者たちに様々な影響を及ぼした。カールシュタットの神秘思想は、メルヒオール・ホフマン、ハンス・デンク、ゼバスティアン・フランク、カスパー・シュヴェンクフェルトなどの代表的な心霊主義者たちに受容されたし、彼の聖餐論はツヴィングリに感銘を与えている。ミュンツァーの思想は、ハンス・フートやハンス・レーマーのような指導者を通じて、中部や南部ドイツの再洗礼派に大きな影響を及ぼした。[12] グレーベルたちスイスの再洗礼派たちは、二人の著作を読み接触を図っていた。

このようにルターやツヴィングリ、カールシュタットやミュンツァー、心霊主義者、再洗礼派たちは、時に友好関係を結び、時に敵対しながら、相互に関わり合っていた。彼らの思想はそのような関わり合いの中で形成されていったが、にもかかわらず彼らの思想や改革の実践方法は様々だった。

宗教改革の初期段階では統一的な教義や改革の方法が確立されていたわけではなく、多様な思想に基づきそれぞれの方法で宗教改革を実行しようという改革者たちが数多く存在していた。再洗礼派が誕生したのは、様々な改革者や思想が次々に現れ、相互に影響を及ぼし合っていたこのような時代だった。

（1）コンラート・グレーベル（森田安一訳）「トーマス・ミュンツァーへの手紙」（倉塚平他編訳『宗教改革急進派』ヨルダン社、１９７２年）140頁；Leonhard von Muralt und Walter Schmid (eds.), *Quellen zur Geschichte der Täufer in der Schweiz*, vol. 1 (Zürich 1952), 16.

（2）カールシュタットの生涯については、以下を参照。倉松功『ルター、ミュンツァー、カールシュタット《その生涯と神学思想の比較》』（聖文舎、１９８１年改訂３版）131―144頁；Ulrich Bubenheimer, Karlstadt, "Andreas Rudolff Bodenstein von (1486-1541)," in *Theologische Realenzyklopädie*, vol. 17 (Berlin and New York 1988), 649-657; Hans-Jürgen Goertz, "Karlstadt, Müntzer and the Reformation of the Commoners, 1521-1525," in *A Companion to Anabaptism and Spiritualism, 1521-1700*, eds. John D. Roth and James M. Stayer (Leiden and Boston 2007), 5-12.

（3）彼の聖餐論については以下を参照。倉松功、149―154頁；アンドレアス・カールシュタット（倉松功訳）「対話、もしくは対話の小冊子。イエス・キリストの尊いサクラメントの、恐るべき偶像崇拝的な誤用について」（『宗教改革著作集７　ミュンツァー、カールシュタット、農民戦争』教文館、１９８５年）205―281頁；Andreas Karlstadt, "Dialogus oder ein gesprechbüchlin von dem grewlichen vnnd abgöttischen mißbrauch des hochwirdigsten sacraments Jesu Christi," in *Karlstadts Schriften aus den*

Jahren 1523-25, Teil. II, ed. Erich Hertzsch (Halle 1957), 5-49.

（４）カールシュタットの洗礼論については以下を参照。Alejandro Zorzin, "Karlstadts "Dialogus vom Tauff der Kinder" in einem anonymen Wormser Druck aus dem Jahr 1527," in *Archiv für Reformationsgeschichte* 79 (1988), 27-58.

（５）心霊主義の定義については以下を参照。木塚隆志『トーマス・ミュンツァーと黙示録的終末観』（未來社、２００１年）204頁。彼の霊についての教えは以下を参照。アンドレアス・カールシュタット（倉松功訳）「キリスト教教理の主要条項についての主張」（『宗教改革著作集７』）285―340頁。

（６）カールシュタットのサクラメント観については以下を参照。Ronald J. Sider, *Andreas Bodenstein von Karlstadt. The Development of his Thought* 1517-1525 (Leiden, 1974), 291-299.

（７）ミュンツァーに関しては以下を参照。H－J・ゲルツ（田中真造・藤井潤訳）『トーマス・ミュンツァー　神秘主義者・黙示録的終末預言者・革命家』（教文館、１９９５年）、木塚隆志、前掲書；田中真造『トーマス・ミュンツァー――革命の神学とその周辺』（ミネルヴァ書房、１９８３年）、Siegfried Bräuer, Thomas Müntzer, in: www.mennlex.de - MennLex V :: art/muentzer_thomas.txt • Zuletzt geändert: 2013/03/05 22:02 (Externe Bearbeitung)（邦訳永本哲也、翻訳協力早川朝子 http://www.thomas-muentzer.de/person_jp.htm）

（８）ミュンツァーのルターへの批判については以下の著作を参照。トーマス・ミュンツァー（田中真造訳）「まやかしの信仰のあからさまな暴露」「きわめてやむをえざる弁護論」（『宗教改革著作集７』）115―178頁。

（９）トーマス・ミュンツァー（松山與志雄訳）「信仰の表明または提言」『宗教改革著作集７』63―84頁。

（10）ミュンツァーの洗礼観については以下を参照。藤井潤「トーマス・ミュンツァーの洗礼観」（『西洋史学』172、１９９３年）216―230頁。

（11）彼の心霊主義的傾向については以下を参照。木塚隆志、61―86頁。彼のサクラメント観については以下を参照。Erwin Iserloh, "Sakraments- und Taufsverständnis bei Thomas Müntzer," in *Zeichen des Glaubens. Studien zu Taufe und Firmung Balthasar Fischer zum 60. Geburtstag*, eds., Hansjörg auf der Maur and Bruno Kleinheyer (Zürich and Einsiedeln and Köln 1972), 109-122.

（12）カールシュタットの影響については以下を参照。Bubenheimer, 654f.; Fritz Schmidt-Clausing, *Zwingli* (Berlin 1965), 73; 倉松功「解題アンドレアス・カールシュタット」（『宗教改革著作集７』）541頁。ミュンツァーの影響については以下を参照。James M. Stayer, "Swiss-South German Anabaptism, 1526-1540," in *A Companion to Anabaptism and Spiritualism*, 85-89.

3 ツヴィングリの先を行く

スイス再洗礼派

早川朝子

「祈りの後ゲオルク……が立ち上がり、コンラート・グレーベルにこう切に求めた。信仰と認識に基づく真にキリスト教的な洗礼を授けられたい、と。そのようにゲオルクが願い跪くと、コンラートは彼に洗礼を授けた。当時はまだそうしたことを行えるよう定められた者がいなかったのだ。これに続いて他の者がゲオルクに、同じように洗礼を授けてほしいと求めたので、ゲオルクは彼らの望み通りにした。」(1)

ツヴィングリの宗教改革

1525年1月21日、チューリヒのフェーリクス・マンツの家で再洗礼が最初に実践された時の様子を、『フッター派の年代記』は具体的に伝えてくれる。その時チューリヒでは、フルドリヒ（ウルリヒ）・ツヴィングリの主導で宗教改革が進められていた。(2)

ツヴィングリは、１５１８年末にチューリヒ大聖堂教会の説教師に迎えられた時、すでに「聖書のみ」を標榜していた。ルターの影響もあっただろうが、むしろエラスムスを中心とする人文主義の息吹に触れたことが大きかった。古典古代への回帰というヒューマニズムの精神が、初代キリスト教会に、そしてその規範となっていた聖書に立ち返ることの必要性を認識させたのだった。

ツヴィングリの説教は、ギリシア語原典の聖書をもとにドイツ語で行われた。聖書のことばをすべての人に届けるためであり、初めて自分たちの日常語で説教を聞いた一般信徒の反響は大きかった。ツヴィングリが始めた聖書研究会には多くの共鳴者が集まるようになり、そこには、後に再洗礼派となるコンラート・グレーベル、フェーリクス・マンツもいた。また、人文主義者や聖職者といった知識層だけでなく、職人や農民も、聖書から直接学び議論するために私的に集うようになった。

ツヴィングリは、聖書の教えを広めると同時に、それに合わせて信仰のあり方や日常の生活を変革していくことの必要性も説いた。したがって、聖書に書かれていない十分の一税、ミサ、聖像などのカトリック教会の伝統的慣習は取り除かれねばならなかった。このような確信のもとにツヴィングリの支持者たちは、１５２２年の四旬節、肉食の禁を犯しソーセージを口にした。

チューリヒ市内ではツヴィングリの改革を支持する勢力と旧来のカトリック信仰を守ろうと

する勢力とが分裂し、激しく対立するようになった。このような状況を打開すべく、市参事会は１５２３年１月に第一回公開討論を開催し、その結果、ツヴィングリの説教の存続が認められた。

再洗礼派の誕生

グレーベルを筆頭にツヴィングリの支持者の一部が、改革の進め方をめぐって次第にツヴィングリと対立するようになった。聖書の教えを早急に実践しようとするグレーベルらに対し、ツヴィングリはあくまでも市参事会主導のもと、多少時間がかかっても都市共同体全体が一致して改革に向かうべきことを主張したからだ。この対立が再洗礼派誕生のきっかけだった。

１５２３年の春にはチューリヒ周辺の農村で十分の一税に対する反発が強まった。農村ヴィティコンで教えを説いていて、後に再洗礼派となるヴィルヘルム・ロイブリンの影響が大きかった。６月には十分の一税の免除要請が正式に出されたが、市参事会は直ちにそれを拒絶した。この時ツヴィングリは、『神の義と人間の義について』を出版し、市参事会の決定を擁護している。「神の義」に到達する前の「人間の義」の段階では、政府の命じた十分の一税は支払われねばならない、と。10月に開催された、聖像とミサの問題を扱った第二回公開討論でも、ツヴィングリは聖像の撤去とミサの廃止を直ちに実行しようとはせず、その時期の決定を全面的に市参事会に委ねた。さらに12月には、予定していたパンとぶどう酒による聖餐の実施を延期してしまった。

市参事会に追従し改革を遅らせようとするツヴィングリに失望したグレーベルらは、何よりも聖書に従う姿勢を貫いた。個人の家に密かに集まり聖書研究を続けた彼らが、幼児洗礼を疑問視するようになるまでそれほど時間はかからなかった。キリストや使徒たちが子供に洗礼を施したり、あるいはそうするように教えたりしたと示す箇所は、聖書のどこにもないからだ。むしろ洗礼は、キリストの教えが伝えられ、悔い改め、新たな生活を始めようとする者に授けられるものだった。

１５２４年の夏には早くも、近郊の村ヴィティコンとツォリコンで、新生児への洗礼を拒否する動きがみられた。ツヴィングリ自身もかつては幼児に洗礼を授けることに疑念を抱いていた。しかし、１５２４年に洗礼をめぐる問題が先鋭化していく中で、ツヴィングリは旧約の割礼を引き合いに出し、共同体またはキリスト教会に属するしるしとして、子供が洗礼を受けることの正当性を見出すに至った。そして幼児洗礼反対を唱えるかつての支持者たちを、「平和の攪乱者」と公然と非難するようになった。

１５２５年１月の洗礼に関する公開討論では、初めからグレーベルらの敗北が決まっていた。その結果、新生児への洗礼を義務づける決議がなされ、グレーベルとマンツには活動の停止が命じられた。最初の再洗礼、「真にキリスト教的な洗礼」が実践されたのは、その直後のことだった。冒頭の引用に登場する「ゲオルク」とは、１５２４年にチューリヒに来てグレーベル

図4　洗礼をめぐっての公開討論（1525年1月）

らの仲間入りをしたゲオルク・ブラウロックのことだ。その時マンツの家には、グレーベルとマンツの他に前出のロイブリンとヨハネス・ブレートリも居合わせたと思われる。

再洗礼派の広まりと迫害

マンツの家で悔い改め信仰を自覚した成人として再度の洗礼を受けた人々は、チューリヒ周辺の町や村で活動を開始し、信奉者を獲得していった。早くもその翌日に、ブレートリはツォリコンで一人の信徒に洗礼を授けている。その後一週間ほどツォリコンでは再洗礼派の嵐が吹き荒れた。再洗礼を受けた住民たちは信徒個人の家に集まり、ツヴィングリが実施をためらっていたパンとぶどう酒の陪餐を実行に移した。彼らは歓喜と高揚の中でパンを裂き、ぶどう酒を杯から回し飲みし、相互に信仰を高め合った。
再洗礼派の指導的人物の一人、バルタザル・フープマイアーは、グレーベルらの活動を通して信奉者となった者の一人だ。大学で学んだカトリックの神学者だったが、次第に宗教改革思想に傾倒するようになり、チューリヒの第二回宗教討論にはツヴィングリの強力な支持者として参加していた。１５２５年の復活祭にロイブリンから洗礼を受け再洗礼派に転向したのも、グレーベルらとともにツヴィングリの改革路線を徹底的に実践しようとしたからだった。フープマイアーは、当時説教師を務めていたヴァルツフートにおいて、市参事会員を含む３００人もの市民に成人洗礼を授けたと言われている。このことは、しかしながら、ツヴィングリとの決裂を意味した。『信仰者のキリスト教的洗礼について』などの著作は、新生児洗礼をめぐってツヴィングリとの間で交わされた論戦の過程で書かれたものだ。[3]
再洗礼派の波は東（ザンクト・ガレン、アペンツェル）や西（バーゼル、ベルン）にも広まり、各地で信徒の共同体が形成されていった。しかし激しい弾圧のため、いずれも長続きはしなかった。比較的長く存続したヴァルツフートでさえ、１５２５年12月にオーストリアの権力に屈した。再洗礼派の指導者たちは繰り返し逮捕された。チューリヒ市当局が１５２６年３月に出した布告により、再洗礼を行う者は死刑と定められた。翌年１月にリマト川に沈められたマンツはその最初の犠牲者となった。一方グレーベルは１５２５年10月に逮捕され、翌年脱獄に成功したが、８月にペストに罹り死亡している。

「シュライトハイム信仰告白」

初期の再洗礼派の活動は社会運動の様相を呈していて、時に蜂起農民と結託し、武器を取って戦うことも辞さなかった。スイス再洗礼派の特色である分離主義・非暴力主義は、初期の段階では不明瞭だったが、農民戦争が鎮圧され、再洗礼派に対する迫害が強まっていく中で次第に顕著になっていき、１５２７年２月に成立した「シュライトハイム信仰告白」に結実した。(4)これはシャフハウゼン近郊の村シュライトハイムに集まった指導者たちが、議論し合意に至った七つの論点の箇条書で、そこには邪悪な俗世からの分離や暴力を否定する姿勢が明確に打ち出されている。

この信仰告白を執筆したとされるミヒャエル・ザトラーは当初ベネディクト会の修道士だったが、１５２５年には再洗礼派の指導的人物としてチューリヒに登場する。修道院を去るに至った具体的な経緯は不明だが、宗教改革思想に触れたことや修道院が農民軍に襲撃されたことが関係していると思われる。ザトラーはシュライトハイムを離れて間もなく南ドイツで逮捕され、１５２７年５月に火あぶりとなった。(5)

ツヴィングリの最期

チューリヒ市内では１５２４〜25年にかけて、聖像やオルガンの撤去、ミサの廃止、修道院の閉鎖などカトリック的要素が徐々に排除されていき、宗教改革体制が整えられていった。改革の波はさらにベルン、バーゼル、シャフハウゼンへと浸透していったが、その一方でスイス盟約者団内部のカトリック諸邦との対立は激化した。ついに武力衝突に発展し、ツヴィングリは１５３１年の第二次カペル戦争で戦死してしまう。(6)

ルター派との同盟も試みられたが、マールブルク会談（１５２９年）で聖餐をめぐる教義において合意に達することができず、失敗に終わった。ツヴィングリは、平信徒にもパンとぶどう酒の二種陪餐を認めるべきという点でルターと一致していたが、それらはキリストの犠牲の記念であり、そこにキリストのからだが実在するというルターとは一致できなかった。その一方で再洗礼派の間では、このツヴィングリの聖餐理解が受け入れられた。

（１）A. J. F. Zieglschmid (ed.), *Die älteste Chronik der Hutterischen Brüder* (New York 1943), 47.
（２）チューリヒの宗教改革ならびにその経過の中で再洗礼派が誕生した経緯については、出村彰『再洗礼派――宗教改革時代のラディカリストたち』（日本基督教団出版局、１９７０年）５―86頁、森田安一「チューリッヒにおける再洗礼派運動について――ツヴィングリ主義による宗教改革の一側面」（『史学雑誌』76―11、１９６７年）１―40頁、C. Arnold Snyder, "Swiss Anabaptism: The Beginnings, 1523-1525", in *A Companion to Anabaptism and Spiritualism*, 1521-1700, eds. John D. Roth and James M. Stayer (Leiden/Boston 2007), 45-81 を参照。
（３）フープマイアーについては、出村彰『ツヴィングリ――改革派教会の遺産と負債』（新教出版社、

２０１０年）296―372頁、Torsten Bergsten, *Balthasar Hubmaier. Seine Stellung zu Reformation und Täufertum* 1521-1528 (Kassel 1961) を参照。

（4）ミヒャエル・ザトラー（出村彰訳）「神の子らの兄弟の一致（シュライトハイム信仰告白）」（『宗教改革著作集』第８巻、１９９２年）87―98頁。

（5）ザトラーの生涯については、C. Arnold Snyder, *The Life and Thought of Michael Sattler* (Pennsylvania/Ontario 1984), 49-107 を参照。

（6）ツヴィングリの生涯については、出村『ツヴィングリ』12―36頁を参照。

4　1528年の聖霊降臨祭に世界は終末を迎える

南ドイツでの展開

早川朝子

「主なる神は、『ヨハネの黙示録』第13章にあるように、悔い改めに3年半の期間を与えられた。悔い改める者は、『テモテへの第二の手紙』第3章に『信心深く生きようとする者は誰しも迫害を受けることになる』とあるように、迫害され苦しまなくてはならない。……そうした後に、主はすべての地において主の民を集められ、集められた者たちはそれぞれの地で統治者及びすべての罪人を罰する。そのことを彼〔フート〕は、『主は世界の4か所に天使を遣わし、主の選ばれた者たちを集められる』ということばをもとに語った。そのようにして新しい天と地と、そして善良で選ばれた者すべての住処がこの地上に実現する。」(1)

ハンス・デンク

ハンス・デンクがニュルンベルクを追放されたのは、ちょうどチューリヒで最初の再洗礼が

実践された1525年1月のことだった。(2)

ニュルンベルクではルターの改革思想が市参事会員など上層市民の間で受容されたこともあり、早くも1525年3月に宗教改革が導入された。大学教育を受けラテン語、ギリシア語、ヘブライ語に堪能であったデンクはそこで教師を務めていた。しかし1523年頃からは市内にカールシュタットやミュンツァーの著作も出回り、ルターの改革路線から逸脱する人々が現れた。彼らは幼児洗礼を疑問視し、カールシュタットやツヴィングリの聖餐論を支持した。デンクはそのような者の一人として市を追われたのだった。ドイツ神秘主義の影響を受けていたデンクは、内面における霊の働きかけを重視するカールシュタットやミュンツァーの思想に深く共鳴していた。

デンクはしばらくスイスにいたが、1525年9月には南ドイツのアウクスブルクに来ていた。デンクが再洗礼派となったのは同市にいた時か、あるいはその前のどこかの時点だろう。一年後にアウクスブルクを追われた後はシュトラースブルク（ストラスブール）やヴォルムスで活動したが、南ドイツのいずれの市においても、権威あるルター派説教師との対立により安住できなかった。宗教的に比較的寛容だったシュトラースブルクには、ヴィルヘルム・ロイブリン、ミヒャエル・ザトラーらがスイスを逃れて来ていたが、同じ再洗礼派の彼らとも良好な関係は築かれなかった。聖書より霊の働きを重んじるデンクの神学は、スイス再洗礼派には受け入れ難かった。デンクによると、人は霊を通して悔い改め新たな信仰生活を始めるのであり、洗礼はその決意を外面的に表すものだった。

ハンス・フート

再洗礼派が南ドイツに広まっていった中で、時の為政者が特に警戒したのはハンス・フートだった。(3) 1527年3月にニュルンベルク市当局が他の諸都市へ送った書簡によると、再洗礼派は、キリストが間もなく地上に再臨し、真のキリスト教徒である彼らは救われ、そうでない者には死の処罰が下ることを確信していた。そしてその際に彼ら自身も、統治者や背神の徒の殺害に加わるよう命じられていると信じていて、その首謀者がフートだったのだ。冒頭の引用は、フートが1527年にアウクスブルクで逮捕され審問を受けた際に語った終末思想だ。神によって選ばれた彼ら再洗礼派は救われること、そして彼ら自身が統治者や罪人を罰することがはっきりと述べられている。フートにおいては、臣民による武装蜂起が終末の出来事の中に組み込まれていたのであり、それが為政者にとっては農民戦争再燃の脅威となっていたのだ。

フートは高等教育を受けていなかったが、本を売り歩き広範囲を移動するうちに、ルターの宗教改革など新しい思想に触れたと思われる。やがてカールシュタットやミュンツァーの思想に傾倒するようになり、1524年には生まれた子に洗礼を受けさせなかったため、当時住んでいたドイツ中部のビブラを追われた。その後フートは農民戦争に加わっていた。フランケンハウゼンでミュンツァーが、神は今や世界を浄化されようとし、統治者から権力を奪い臣民に与えられたと説いた時、ちょうど空には神との同盟の印である虹が出ていた。それを見たフートは、終末と地上における神の国の実現が間もないことを確信した。

農民戦争は鎮圧されミュンツァーは処刑されたが、フートは長く失望してはいなかった。神の戦士として戦うべき時期が間違っていたのだ。農民たちの敗北から一年後の1526年の聖霊降臨祭にアウクスブルクで、フートはデンクに洗礼を授けてもらい、終末の到来に備えて救われるべき信徒獲得のための伝道を開始している。終末について、神が直接ご自身の霊を通して示されたというフートにとって、伝道は神より与えられた使命だった。フートは、「ヨハネの黙示録」に倣い144000人に洗礼を授けることを目指し、フランケン北部からニュルンベルク近郊、アウクスブルク、さらにはオーストリアへとその伝道範囲を広げていった。

伝道の際にフートは、「すべて造られしものの福音を信じて洗礼を受ける者は救われる」と説いた。(4)「すべて造られしものの福音」とは、「マルコによる福音書」の「すべての造られたものに福音を宣べ伝えよ」をフートが独自に解釈したものだ。福音は造られしものすべての中に存在するという意味であり、文盲で貧しい者に対してもそれらを通して直接福音が説かれる。キリストがしたように、例えば農民に対しては畑、種子、アザミ、イバラ、岩によって福音が教えられ、聖書学者たちのように聖書の権威を振りかざすことはないのだ。福音が説かれ信じた者には洗礼が授けられ、終末での救いが約束されるが、それは同時にキリストが受けた苦難を自らも背負うことを意味した。世俗の快楽に執着し苦難に耐えようとしない者が救いに与ることはできないのだ。

フートの「終末」をめぐって

それではその終末はいつなのか。フートはそれを農民戦争からおよそ3年半が経過した１５２８年の聖霊降臨祭と定めていた。フートが審問の際に語った終末思想には3年半の悔い改めと迫害の期間が示されているだけだが、フートから洗礼を受けたという信徒たちの証言からそのように割り出すことができる。またフートが信徒たちに示したという終末にはトルコ人が登場する。まずはトルコ人が襲来し諸侯、領主、僧侶、司祭らを打ち殺すことになっていた。次いでまだ生き残っている者たちを真の信徒である彼らが根絶やしにし、そうした後に終末の最後の審判が訪れるという。

フートの説く終末思想は為政者から危険視されたが、同じ再洗礼派の中にもそれに嫌悪感を表す者がいた。その一人にバルタザル・フープマイアーがいる。フープマイアーは、１５２５年12月にヴァルツフートを追われチューリヒに避難したが、ツヴィングリとの敵対関係のゆえに安住できず、ほどなくして逮捕・投獄された。翌年4月に釈放されてから直ちにチューリヒを離れ、１５２６年の夏にはモラヴィアのニコルスブルクに来ていた。ここでフープマイアーは領主の保護を受け、支配者層を含む住民の大多数を信仰洗礼へと導いた。ヴァルツフートと同じような再洗礼派の共同体を成立させたのだ。

そのことを知ったフートは、純粋なキリスト者の共同体を期待し、翌年ニコルスブルクを訪れている。しかし、希望すれば誰にでも洗礼が授けられるような共同体に、これまでの生活と決別しキリストの苦難を受け入れるといった強い決意が認められるはずはなかった。そこでフートが自身の洗礼観や終末思想を説き始めたところ、相当数の信徒が引き寄せられていった。このようなフートの活動は共同体の分裂につながるものであり、そもそも統治者の打倒を説くフートの教えはフープマイアーにとって、領主の後ろ盾を失うことになりかねない危険なものだった。フープマイアーは公開討論を開催し、フートを敗北に追い込み逮捕させたが、フートは逃亡に成功した。(5)

図５　14万４千人の額に印をおす御使たち（「ヨハネの黙示録」７章）

１５２７年８月には再洗礼派の指導的人物がアウクスブルクに会した。そこでもフートの終末思想が問題となった。以後終末の詳細は誰に対しても説いてよいものではなくなり、フートは信頼のおける人にのみ個別に語り始めた。

ちなみにこの会合は、参加者

の多くが間もなく死亡していることから「殉教者会議」と呼ばれる。フートは翌月９月にアウクスブルクで逮捕され、12月に獄舎の火事が原因で、自身の予言した終末の時を待たずに世を去った。そのようにして死亡したにもかかわらず、その後フートには死刑判決が下り、遺体は火あぶりにされ粉になるまで焼かれた。ハンス・デンクは、同年11月にバーゼルでペストに罹り死亡している。

「終末」の経過後

南ドイツにおける再洗礼派の誕生には、ドイツ神秘主義の伝統が大きく関わっていた。(6) スイスからの信徒たちの影響もあっただろうが、再洗礼派はスイスを唯一の起点として広まったのではなかった。神秘主義思想に終末論が結びついたハンス・フートの神学には、ミュンツァーの影が色濃く表れていた。

アウクスブルクではフートが逮捕された後も、幾人かの指導者により終末の間近な到来が説かれ人々に洗礼が授けられていた。しかし１５２８年の復活祭に始まる大規模な取り締まりにより、市内での再洗礼派の勢力は急速に衰えた。さらには、期待していた「終末」の時が何事もなく過ぎ去ってしまったのだ。盛んに終末を説いていた指導者たちの多くは失望し、アウクスブルクを見限りシュトラースブルクへ向かった。(7) そうした中でアウグスティン・バーダーは、１５３０年の復活祭を終末とする新たな教えを説き始めたが、その活動の拠点はアウクスブルクを離れたところにおかれた。[8]

フートの伝道地域から外れていたシュトラースブルクは、依然として再洗礼派を惹きつけていた。しかしスイスや南ドイツでの迫害が強まる中で、信徒たちはやがて避難先としてモラヴィアを目指すようになる。

（１）Gottfried Seebaß, *Müntzers Erbe. Werk, Leben und Theologie des Hans Hut* (Gütersloh 2002), 539.

（２）ハンス・デンクについては、Jan J. Kiwiet, "The Life of Hans Denck (ca. 1500-1527)," *Mennonite Quarterly Review* 31 (1957), 227-259; William R. Estep, *The Anabaptist Story. An Introduction to Sixteenth-Century Anabaptism* (Michigan/Cambridge 1996), 109-117; C. Arnold Snyder, *Anabaptist History and Theology: an Introduction* (Ontario 1995), 67-70を参照。

（３）ハンス・フートの生涯や終末思想については、Seebaß, *Müntzers Erbe*, 167-315, 372-384, 428-431; Werner O. Packull, *Mysticism and the Early South German-Austrian Anabaptist Movement 1525-1531* (Pennsylvania 1977), 62-106, 118-129; Snyder, *Anabaptist History and Theology*, 70-72を参照。

（４）ハンス・フート（森田安一訳）「洗礼――その徴証と本質の奥義について」（倉塚平他編訳『宗教改革急進派――ラディカル・リフォメーションの思想と行動』ヨルダン社、１９７２年）267、275―284頁。

（５）ニコルスブルクでのフープマイアーとフートについては、Martin Rothkegel, "Anabaptism in Moravia and Silesia," in *A Companion to Anabaptism and Spiritualism, 1521-1700*, eds., John D. Roth and James M. Stayer (Leiden/Boston 2007), 168-182; Snyder, *Anabaptist History and Theology*, 118-121を参照。

（６）Packull, *Mysticism and the Early South German-Austrian Anabaptist Movement*, 17-34.

（７）１５２０年代後半のアウクスブルクにおける再洗礼派の広まりについては、Friedrich Roth, *Augsburgs Reformationsgeschichte*, vol.1 (München 1901), 218-271; Hans Guderian, *Die Täufer in Augsburg. Ihre Geschichte und ihr Erbe* (Pfaffenhofen 1984), 20-97; 早川朝子「アウクスブルクの再洗礼派（1526-1528）」（『比較都市史研究』18－2、１９９９年）71－85頁を参照。

（８）アウグスティン・バーダーについては、Packull, *Mysticism and the Early South German-Austrian Anabaptist Movement*, 130-137; Anselm Schubert, *Täufertum und Kabbalah. Augustin Bader und die Grenzen der Radikalen Reformation* (Heidelberg 2008) を参照。

5 財産のいっさいを共同体に供出する

モラヴィアのフッター派

早川朝子

「これら〔執事に選ばれた二人〕の者がみんなの前でマントを広げると、一人一人が強制されることなく自発的に、それぞれの所有する財産をその上に置いた。預言者や使徒たちの教えに従い必要としている人々を支援するためだった。」(1)

ニコルスブルクからの分離

ハンス・フートの予言した終末の時が間近に迫る1528年3月、大人だけでも200人ほどになる信徒の一団がニコルスブルクを離れようとしていた。ここで初めて「使徒行伝」に倣い財産共有が実践された。(2)

ボヘミア・モラヴィアでは、カトリックやフス派など複数宗派の共存が実現していた。1526年にオーストリアのフェルディナント大公が王位を継承した後もその状況がすぐに変わることはなかった。在地の領主たちは旧来の自由や特権を保持しようとし、バルタザル・フープマイアーがニコルスブルクに再洗礼派の共同体を確立したのもこのような領主権力に守られてのことだった。

しかし、再洗礼派が続々とニコルスブルクに逃れてくるようになると、早くも共同体内に亀裂が生じた。1527年の春頃から、フープマイアーの路線に従おうとしない信徒たちがヤーコプ・ヴィーデマンのまわりに集まるようになった。同年5月にハンス・フートがニコルスブルクを訪れると、終末の教えに共鳴した信徒たちはフープマイアーのもとを離れ、ヴィーデマンに合流した。加えて、フープマイアーが武器携行を肯定したことで、信徒間の対立はより一層深まっていった。「シュライトハイム信仰告白」を信条とする信徒たちの間では、自らを守るために剣を要するのは俗世であり、そこから分離した真のキリスト教徒である彼らにはもはやそのようなものは必要ないはずだった。それに対してフープマイアーは『剣について』を著し、敬虔なキリスト教徒であっても自らを俗世から分離することはできないのであり、俗世に生きる限りは神の立てられた為政当局者に服従し、求められた場合は武装して戦う義務を負うと説いた。

1527年7月にフープマイアーはオーストリア当局に逮捕されたが、その後もハンス・シュピテルマイアー率いる「剣派」とヴィーデマンら「棒派」との対立は続いた。共同体内の分裂は避けられなくなり、ついにニコルスブルクの領主より「棒派」に退去命令が出された。出ていく決心をしたヴィーデマンの一団は、冒頭の引用にあるように、2名の執事（Diener der Notdurft）を選出し、彼らが広げたマントの上に財産を供出した。そのようにして困窮する仲間を助けながら、新天地アウステルリッツへと旅立った。フープマイアーは同じ1528年3月、異端者としてウィーンで火あぶりにされた。

アウステルリッツからアウスピッツへ

ヤーコプ・ヴィーデマンらがアウステルリッツに築いた共同体は急速に拡大していった。迫害の苦しみを逃れ各地から集まってきた信徒たちは、すべての物を平等に分け合う使徒時代の理想に希望を抱いていた。

しかし、1530年に共同体の仲間入りをしたスイス再洗礼派ヴィルヘルム・ロイブリンが目の当たりにした現状は、理想とはかけ離れたものだった。指導者たちは上等な衣服を身につけ贅沢な食事をしていたが、一般の信徒たちは食料不足により子どもが亡くなるのを黙って見ているしかなかった。ロイブリンがヴィーデマンら指導者批判を展開すると、間もなく多くの同調者が集まるようになり、共同体は再び分裂した。ロイブリンは翌年1月早々、ティロールからやってきたイェルク・ツァウンリンクとともに支持者の一団を率いてアウスピッツへ向かった。ところでモラヴィアのロシッツでは、ガーブリエル・アシャーハムに導かれたシレジアの再洗礼派が1528年に共同体を築いていた。そこに翌年シュワーベンから避難してきたフィーリップ・プレーナー率いる一団が合流したが、間もなくプレーナーらはアウスピッツに移住した。

アウステルリッツからやってきた一団は、ガーブリエル派ともフィーリップ派とも良好な関係のうちに共存したが、彼らにとってアウスピッツでの再出発は順調でなかった。指導者間の不一致を調整する能力がロイブリンには欠けていた。間もなくロイブリン自身が24グルデンを隠し持っていたことが発覚し、彼は「使徒行伝」のアナニヤのようだと非難され共同体を追われた。その後も指導者間の対立が続く中、今度はツァウンリンクの妻の不貞が発覚した。ツァウンリンクは妻をかばい厳罰に処さなかったため、信用を失い失脚した。

ヤーコプ・フッターの登場

次にリーダーとなったズィーモン・シュツィンガーもその地位を確実なものにできなかった。そこへ1533年8月、ヤーコプ・フッターがティロールよりアウスピッツに到着する。信徒たちを前にフッターは、自身は神より遣わされたのであり、共同体内の悪弊を正すのに全力を尽くすと声高に宣言した。シュツィンガーとフッターとの間でリーダーの座をめぐる激しい争いが起こったが、フッターは自身の勝利を疑わなかった。ほどなくしてシュツィンガーは、40グルデンを屋根裏に隠し持っていたことが発覚する。主導権を掌握したフッターは財産共有を徹底すべく、信徒たちに所有する財産のいっさいを共同体に供出するよう厳格に指導した。

図6　モラヴィアのフッター派の家族

フッター率いるこの共同体は、ガーブリエル派やフィーリップ派とは完全に袂を分かった。両者ともシュツィンガーの味方をしたからだ。さらにある日、フッターは仲間の信徒たちとともに、空に輝く三つの太陽と二つの虹を見た。二つの太陽と虹はしばらくして消え、一つの太陽だけが残った。消えた二つの太陽は残った一つほど明るく輝いてはいなかった。[3] この体験を通してフッターは、自身の率いるグループこそがモラヴィアにおける唯一の神の共同体だと確信した。一方アシャーハムやプレーナーにとって、財産共有とは共同体内の一体感が高まったところで信徒たちが自発的に行うものであり、財産の供出を義務として強制するフッターのやり方には我慢がならなかった。

アウスピッツでのフッターの活動により「フッター派」が確立するが、その活動期間は短かった。１５３５年、国王フェルディナントが、モラヴィアから再洗礼派を一人残らず追放するよう命じたからだ。北ドイツのミュンスターで起きた、再洗礼派が市を占拠するという出来事に衝撃を受けてのことだった。モラヴィアの領主たちは君主の命令に渋々従った。この一掃劇の間、フッター派は森の中や谷間に身を隠しモラヴィアに留まり続けた。また在地の領主たちも密かに彼らを支援した。迫害の嵐が過ぎ去った後にフッター派は、ガーブリエル派やフィーリップ派とは異なり、モラヴィアに共同体を復活させることができた。しかしフッター自身はティロールへ逃れた。追放命令に抗議する書状の中で国王を激しくののしったため、逮捕の危険が迫ったからだ。

ティロールの再洗礼派

ヤーコプ・フッターは、１５００年頃ティロールのブルーニコ近郊の小さな村に生まれた。[4]学校教育を少しばかり受けた後、帽子製造を学び、各地を遍歴した。再洗礼派となった具体的な経緯は不明だが、１５２９年にはリーダーの一人として登場する。フッターは自らを、神により選ばれ遣わされたと確信するようになっていた。その確信のもとに説かれたフッターの教えは、彼を通して語られる神の言葉であり、それを聴く信徒たちに強烈に迫るものを感じさせた。

ティロールにはゲオルク・ブラウロックが来ていたこともあった。チューリヒで最初に「真にキリスト教的な洗礼」を授けられたあのブラウロックだ。１５２７年、フェーリクス・マンツが溺死刑に処せられた時、ともに獄中にあったブラウロックは最終的にチューリヒを追われティロールに向かったのだ。同地では再洗礼派が急速に広まり、特にかつてミヒャエル・ガイスマイアーに率いられ農民蜂起に加担した者の多くが信徒の仲間入りをした。その一方で、同年末に最初の逮捕者が出て以降、取り締まりも強化された。１５２９年、再びティロールを訪れたブラウロックはその犠牲となり、同年９月に火刑に処せられた。

フッターは１５２９年に初めてアウステルリッツの共同体を訪れて以降、ティロールでの迫害が激しくなる中で、信徒たちがモラヴィアへ移住することを奨励し、それを組織的に実行するようになった。その結果、モラヴィアへ避難してきた再洗礼派の多くがティロール出身者で占められることとなった。フッター自身は１５３５年にモラヴィアからティロールに戻ったが、結局は逮捕され翌年２月に火あぶりとなった。

共同体の拡大と存続

フッター亡き後の共同体は、ハンス・アモンとその後継者ペーター・リーデマン、レオンハルト・ランツェンシュティールの主導のもとに財産共有の制度が具体的に形作られると同時に、その規模を急速に拡大させていった。モラヴィアの各地にフッター派の集落（Bruderhof）が形成され始め、１５４７年までに31、１６２２年までには80ほどの集落が存在するに至った。それぞれの集落は説教師（Diener des Wortes）と執事により導かれた。説教師は神の言葉を説くとともに、信徒間の争いを裁き、時に破門権を行使した。執事は物資の調達や農作業の監督など経済全般を統制した。そしてすべての集落の頂点にアモンらが長老（Vorsteher/Bischof）として君臨した。またフッター派は大規模な伝道活動を展開した。南ドイツ、オーストリア、スイス、シレジアなどへ伝道師が派遣され、改宗の見込みのありそうな信徒をモラヴィアへと導いた。しかし、伝道師として活動した者の８割は最終的にどこかで捕えられ殉教している。(5)

１５４６年に始まる二度目の迫害を乗り切ったフッター派は、16世紀後半に黄金時代を迎えるが、17世紀に入るとついにモラヴィアにはいられなくなる。しかし彼らはそこで瓦解・消滅することなく、新天地を求めて移住を重ね、今日に至っている。

（１）A. J. F. Zieglschmid (ed.), *Die älteste Chronik der Hutterischen Brüder* (New York 1943), 87.

（２）初期のフッター派については、榊原巌『殉教と亡命――フッタライトの四百五十年』（平凡社、１９６７年）80―99頁、Werner O. Packull, *Hutterite Beginnings. Communitarian Experiments during the Reformation* (Baltimore/London 1995), 61-66, 214-235; James M. Stayer, *The German Peasants' War and Anabaptist Community of Goods* (Montreal & Kingston/London/Buffalo 1991), 139-144; William R. Estep, *The Anabaptist Story. An Introduction to Sixteenth-Century Anabaptism* (Michigan/Cambridge 1996), 127-134; C. Arnold Snyder, *Anabaptist History and Theology: an*

(Ontario 1995), 118-121 を参照。

（3）Zieglschmid, *Die älteste Chronik der Hutterischen Brüder*, 124.

（4）ヤーコプ・フッターならびにティロールの再洗礼派については、Leonard Gross, "Jakob Huter. Ein christlicher Kommunist", in *Radikale Reformatoren. 21 biographische Skizzen von Thomas Müntzer bis Paracelsus*, ed., Hans-Jürgen Goertz (München 1978), 137-145; Packull, *Hutterite Beginnings*, 161-186, 236-257 を参照。

（5）Estep, *The Anabaptist Story*, 134, 137-139. Claus-Peter Clasen, *Anabaptism. A Social History, 1525-1618, Switzerland, Austria, Moravia, South and Central Germany* (Ithaca/London 1972), 243-246.

6　地上に降り立った新しきエルサレム

1530―35年の北西ヨーロッパ・ミュンスター再洗礼派

永本哲也

「愛する兄弟姉妹よ、喜びと平和は神の子たちの間近に迫っている。なぜなら諸君の救いは目前だからである。愛する友よ、諸君は神が我々のところで行ったことを言葉として知るべきである。諸君一人一人は聖人たちの都市新しきエルサレムに向かって行進する準備をしなければならないことを。何故なら、神はこの世を罰しようとされているからである。」[1]

低地地方での終末期待の広がり[2]

宗教改革が始まってから最初に成人洗礼が行われたのは、スイスのチューリヒだった。そのため旧来の研究ではスイスが再洗礼派の起源であると見なされていた。しかし、１９７０年代以降では複数起源説が主流になっている。スイスや南ドイツとは別個に、１５３０年北ドイツの都市エムデンで信仰洗礼が行われ、そこから低地地方や北ドイツに再洗礼主義が広がっていったためである。[3]

エムデンで洗礼を行い北西ヨーロッパ再洗礼派の創始者になったのはメルヒオール・ホフマンだった。[4] 彼はバルト海沿岸を回る毛皮商人だったが、俗人説教師としても活動していた。彼は１５２６年にはすでに、１５３３年に終末が訪れると予言しており、各地で争いを引きおこし追放されていた。彼はシュトラースブルクで、市参事会に再洗礼派教会設立を求めるようになっていた。市参事会が彼の逮捕を命じたため、彼は１５３０年エムデンに逃れ、そこで３００人に洗礼を行った。

彼から洗礼を受けた弟子たちは、フリースラントやアムステルダムで洗礼を行い、信徒を増やしていった。しかし１５３１年に弟子たちが逮捕・処刑されたため、ホフマンは２年間洗礼を停止するよう命じた。

低地地方では１５２０年代からすでに宗教改革思想が伝わっていたが、ルター派だけでなく、象徴主義的聖餐論者、さらには宗教改革に親和的なカトリックなど改革傾向を持つ多様な人々がいた。象徴主義的聖餐論者の多くは再洗礼派に移行した。こうして再洗礼派も低地地方の宗教改革派の一角を担うようになった。

ホフマンは、シュトラースブルクが新しいエルサレムになると見なした。彼の予言によれば、シュトラースブルクは皇帝率いる闇の軍勢との戦いに勝利する。都市から流れ出した14万4千人の使者は全世界に福音を伝え、全聖職者が根絶され、キリスト到来前に神権制的な地上の王国が樹立される。しかし、彼自身は1533年5月にシュトラースブルクで逮捕され、1543年に死亡するまで獄中に留まった。

ミュンスター再洗礼派の台頭[5]

ドイツ北西部ヴェストファーレン地方の中心都市ミュンスターで宗教改革運動が本格化したのは1532年のことだった。宗教改革を支持する説教師ベルンハルト・ロートマンを支持する市民たちは、都市の政府である市参事会に宗教改革受け入れを求めた。市民からの圧力で要求を受け入れた市参事会は、都市の君主であるミュンスター司教から改革の復旧を命じられた。そのため、都市と司教の間で激しい争いが起こったが、1533年2月に両者は宗教協定を結んだ。この協定によって、市内での宗教改革が公認された。

しかしこの直後に、ロートマンが市内で幼児洗礼批判を始めた。幼児洗礼批判は帝国議会で死罪を持って禁じられていた政治的に危険な教えだった。そのためルター主義的宗教改革を守ろうとする市参事会は、ロートマン派の活動を抑えようとした。

しかし、市内の宗派対立は厳しさを増し、11月にはルター派、ロートマン派、復権を狙うカトリック派が武器を持って対峙するという状況に陥った。この事件では多数派のルター派が優位に立ち、ロートマンを除くロートマン派説教師は市外に追放され、ロートマンの説教も禁じられた。

他方、1533年末にオランダのハールレムのパン屋ヤン・マティスがメルヒオール派の指導者として台頭すると、彼はホフマンが停止を命じていた洗礼を再開し、各地に使徒を派遣した。活動の活発化には、ロートマン派も関わっていた。市外に追放された説教師の一人ヘンリク・ロルは、ロートマンの著作を持ちオランダへ赴いた。ロルはマティスたちにこの著作を渡した。この本は彼らに慰めを与え、洗礼を全面的に再開する契機を作った。

1534年1月5日にマティスの使徒二人がミュンスターに到着し、市内でロートマンたちに洗礼を行った。一週間で市内の成人人口の20～30％にあたる約1400人の住民が洗礼を受けた。再洗礼派共同体が市内に誕生したため、ミュンスター司教からの政治的圧力が高まった。

市内の緊張が高まる中、2月8日に市内で再洗礼派たちが連鎖的に予言を行った。彼らは終末が間近に迫っており、神の罰を免れるため悔い改めるよう呼びかけた。その翌日には、互いに疑心暗鬼に陥っていた再洗礼派とルター派・カトリック派が武装対峙するという事態が生じた。再洗礼派は劣勢であったが、司教軍が近づいているという連絡を受けた市長は、都市の自由を守るため再洗礼派と手を組むことを選んだ。こうして信仰に関しては個々人に任せるという協定が結ばれ、市内で再洗礼派の信仰が認められた。

この交渉が行われている間、虐殺の恐怖におののいていた再洗礼派たちは、空に三つの太陽や炎のような雲を見た。市参事会との和解が成立すると、彼らは神が奇跡を起こし、自分たちを救ってくださったと信じた。歓喜のために彼らは子供に至るまで皆預言を行い、駆け回ったり跳ねたり叫んだりしたという。

再洗礼派公認によって、司教との戦争は避けられなくなった。そのため、多くの住民が市外に逃亡し、再洗礼派が都市の支配権を握ることとなった。

この時まで再洗礼派は、一貫して市内では少数派のままだった。男性より女性の方が再洗礼主義を支持する傾向が強く、全再洗礼派の約７割を女性が占めていた。また女性の中でも子供を持たない女性の方が、男性の中でも家を持たない貧しい男性の方が再洗礼主義を支持する傾向が強かった。(6)

新しきエルサレムたるミュンスター(7)

ミュンスターでは、オランダからやって来た預言者ヤン・マティスを最高指導者にした神権政治が始まった。彼らは、成人洗礼を拒む住民を市外に追放し、市内に残った住民に洗礼を強制した。彼らはさらに、市内で財産共有制を導入し、ミュンスター司教の軍隊との包囲戦を戦うために体制を整えた。

ミュンスター再洗礼派は、４月５日の復活祭に終末が訪れ、神が不信仰者を罰すると見なしていた。神の怒りを免れるためには、新しきエルサレムたるミュンスターに赴くことが必要だった。冒頭で挙げたメッセージが書かれた手紙は低地地方で回覧され、下ライン地方では使者たちによって伝えられた。この呼びかけに応じて、膨大な数の再洗礼派が低地地方各地から集結の場所に向かったが、彼らの進行は各地で阻止された。

しかしそれでも、低地地方や北西ドイツ各地から、大量の再洗礼派がミュンスターに移住してきた。その数は、男性5～600人、女性2～3000人と市内に残った地元住民の数に匹敵するほどだった。

さらに、ミュンスターの影響によって、ケルンやヴェーゼル、ユーリヒ公領、マーストリヒトなど下ライン地方や低地地方南部にも再洗礼主義が広まっていった。

終末の日と予言された復活祭がやって来ると、マティスは神から啓示を受け、わずかな手勢を連れて市外に出て行った。彼らは包囲軍によって殺害された。予言は実現せず、指導者は死んだ。この危機を収拾したのが、新たな指導的預言者となったヤン・ファン・ライデンだった。オランダのライデン出身で、マティスの使徒として1月からミュンスターに滞在していた彼は、市参事会に代わって12長老を指導者に据え、7月には一夫多妻制を導入するなど市内の制度改革を進めた。9月になると市内で王制が敷かれた。こうして彼は、平和のソロモンたるキリストの再臨を準備するために、不信仰者を罰するダビデ王となった。

新しきエルサレムの崩壊

ミュンスターの再洗礼派たちは、市外の再洗礼派の助けを借り、武力によってミュンスターを解放しようと考えるようになった。ロートマンは『復讐について』という著作で、終末は間

図７　パンフレット『ミュンスター王国と再洗礼派の始まりと終わり』（1536 年）

近に迫っているので、背信の徒に復讐するために、今すぐ武器を取ってミュンスターに結集せよと、各地の再洗礼派に呼びかけた。彼の著作は使者を通じて各地に配布された。[8]

　このようなミュンスターからの呼びかけに対する各地の再洗礼派の対応は様々だった。ヴェーゼルなどでは蜂起の実行前に当局の取り締まりで計画は潰された。実際に武装蜂起したフリースラントの再洗礼派は、世俗権力との戦いで壊滅した。ケルンなど多くの場所の再洗礼派は沈黙を守った。アムステルダムで起こった市庁舎占拠は市内の再洗礼派のほとんどから支持されなかったため、すぐに鎮圧された。[9] こうして、市外からの軍事的援助により都市を解放しようという希望は潰えた。

　１５３５年４月に都市の包囲が完成し、外部から食糧が運び込めなくなると、市内で飢餓が生じ多くの者が餓死した。飢えに耐えきれずに逃げ出す者も続出した。

　このような地獄絵図に終止符が打たれたのは、１５３５年６月24日の夜だった。ミュンスターを逃亡し司教側に寝返った住民の手引きで、包囲軍が市内に侵入しミュンスターを占領した。

市内にいた男性のほとんどは殺害され、生き残った女性たちのほとんどは再洗礼派の信仰から離れることを拒絶し、市外へと去って行った。

逮捕されたヤン・ファン・ライデンたち再洗礼派指導者３人は、１５３６年１月22日に衆人環視の中で拷問、処刑された。三人の遺体は檻に入れられ、警告のため聖ランベルティ教会の塔に吊された。(10) この三つの檻は現在でも塔の上にかかり、再洗礼派たちの敗北を今に伝えている。

（１）Dirik Harting, *De Munstersche furie, of het oproer der Wederdoopers te Munster in de jaren 1534 en 1535. Eene geschiedkundige voorlezing naar aanleiding van Meijerbeer's Prophète* (Enkhuizen 1850), 78; 倉塚平「ミュンスター再洗礼派王国論（１）」（『政経論叢』明治大学政治経済研究所紀要56巻５・６号、１９８８年）７頁。

（２）低地地方の宗教改革・メルヒオール派については以下を参照。Ralf Klötzer, "The Melchiorites and Münster," in *A Companion to Anabaptism and Spiritualism, 1521-1700*, eds., John D. Roth and James M. Stayer (Leiden and Boston 2007), 219-224; S. Zijlstra, *Om de ware gemeente en de oude gronden. Geschiedenis van de dopersen in de Nederlanden 1531-1675* (Leeuwarden 2000), 33-111.

（３）三起源説を提唱した記念碑的論文。J. M. Stayer, W. O. Packull and K. Deppermann, "From Monogenesis to Polygenesis: The Historical Discussion of the Anabaptist Origins," *The Mennonite Quarterly Review* 49 (1975), 83-121. その後、起源に関係なく再洗礼派に共通性を認めようという論者、

スイスと南独の密接な関係を認める論者が出てくるなど、修正の動きも存在している。Arnold Snyder, “Beyond Polygenesis: Recovering the Unity and Diversity of Anabaptist Theology,” in *Anabaptist Theology*, ed. H. Wayne Pipkin (Elkhart 1994), 1-33; James M. Stayer, “Whither Anabaptist Studies?,” in *Grenzen des Täufertums / Boundaries of Anabaptism. Neue Forschungen. Beiträge der Konferenz in Göttingen vom 23.-27. 08.* 2006, eds., Anselm Schubelt, Astrid von Schlachta and Michael Driedger (Heidelberg 2009), 395-398.

（４）メルヒオール・ホフマンの生涯については以下を参照。K. Deppermann, *Melchior Hoffman. Soziale Unruhen und apokalyptische Visionen im Zeitalter der Reformation* (Göttingen 1979).

（５）ミュンスターの宗教改革と宗派分裂については以下を参照。倉塚平「ミュンスター千年王国前史　１〜８」『政経論叢』明治大学政治経済研究所紀要47巻1号（１９７８年）；47巻２・３号（１９７８年）；47巻５・６号（１９７９年）；50巻1号（１９８１年）；52巻３・４号（１９８４年）；53巻1号（１９８４年）；53巻４・５・６号（１９８５年）；54巻１・２・３号（１９８６年）。

（６）ミュンスター再洗礼派の社会階層については以下を参照。永本哲也「宗教改革期ミュンスターの社会運動（１５２５―３５年）と都市共同体――運動の社会構造分析を中心に」（『西洋史研究』新輯第37号、２００８年）104―110頁。

（７）ミュンスター再洗礼派統治期については以下を参照。Ralf Klötzer, *Die Täuferherrschaft von Münster. Stadtreformation und Welterneuerung* (Münster 1992); Ernst Laubach, “Reformation und Täuferherrschaft,” *Geschichte der Stadt Münster*, vol. 1, ed., Franz-Josef Jakobi (Münster 1993), 145-216. 永本哲也「帝国諸侯による「不在」の強制と再洗礼派による抵抗――１５３４－35年ミュンスター包囲戦における言論闘争と支援のネットワーク形成」（『歴史学研究』947、２０１６年）36－47頁。

（8）『復讐について』の本文は以下を参照。Robert Stupperich (ed.), *Die Schriften der Münsterischen Täufer und ihrer Gegner. 1. Teil. Die Schriften Bernhard Rothmanns* (Münster 1970), 284-297. 邦訳は、倉塚平他編『宗教改革急進派』（ヨルダン社、１９７２年）、343―385頁。

（9）ミュンスター市外の再洗礼派の動きについては以下を参照。James. M. Stayer, *Anabaptists and the Sword*, (Lawrence 1972), 267-277.

（10）この三つの檻については以下の小冊子を参照。Karl-Heinz Kirchhoff, *Die "Wiedertäufer-Käfige" in Münster* (Münster 1996).

7 信仰の徹底を目指して
心霊主義とメノー派の形成

山本大丙

「そうした人々は間違っていたが、彼らの流した血は熱く私の心に降り注いだ。私はそれに耐えることも精神の安楽を見出すこともできなかった。」

「私は、こうした熱狂的な子供たちが、誤っているとはいえ、彼らの教義と信仰のために命も財産も喜んで差し出すのを見た。私といえば、快適な生活を送り、そうした人々を嫌悪すべきものと認めていた――ただ自らの物質的に快適な生活を送りキリストの十字架を避けるために。(1)」

元カトリック司祭の経歴を持つ、低地地方（現代のベネルクス諸国）の再洗礼派の指導者メノー・シモンズは、1535年に生じた再洗礼派による修道院襲撃事件に触れてこのように書いている。殉教を恐れずに自らの信仰を通す態度は、彼のそれまでの信仰に大きな疑問を投げかけた。もっとも、メノーは、再洗礼派に加わった後も暴力的な運動、それどころか暴力の行使そのものも強く非難した。彼の指導の下、低地地方再洗礼派は平和的な宗派として姿を現してゆく。その過程はまた、再洗礼派の中に色濃く見られた心霊主義的要素との決別でもあった。ただし、心霊主義と再洗礼派の関係は単純なものではなく、メノーの没後もそうした思想に接近する再洗礼派信徒は少なからずいた。

心霊主義者たち

宗教改革期の心霊主義者たちとしては、カスパー・シュヴェンクフェルト、ゼバスティアン・フランクといった人々を挙げることができる。R・E・マクローリンは、この二人の他にコールンヘルトとヴァイゲルも心霊主義者として扱っている。(2) 集団を形成しない心霊主義者たちは、その思想において一人一人が微妙に異なっているが、共通点も多く見出される。

まず、彼らには特有のラディカリズムが強く見られる。宗教改革は、聖職者やサクラメントのような儀式を媒介とする信仰に対する批判というかたちを取って開始された。ルターの万人祭司主義は、宗教改革の持つこうした傾向を端的に示している。しかし、ルター派にせよ改革派にせよ、一部のサクラメントや信仰における聖書の絶対性を残した。心霊主義者の眼にこれは改革の不徹底と映った。彼らは、より確実な信仰を求めて、霊の働きを何より大事なものと考える。シュヴェンクフェルトやフランクにとって、信仰は神の息吹を得てはじめて獲得されるのだ。この働きこそが救済を得るための条件であり、聖書はあまり大きな意味を持たない。ある意味で、彼らは宗教改革を徹底的に押し進めようとしたといえる。(3)

心霊主義者たちは、信仰告白に基づいて何らかの可視的教会を建設することには批判的だった。シュヴェンクフェルトにとって、信仰とはあくまでも霊を通じて神より与えられるもので、したがって何らかの訓練や強制によって得られる信仰というものは言葉の定義からして矛盾だった。[4] シュヴェンクフェルトと交流を持ったフランクは、こうした主張を推し進め、普遍救済的な思想を述べた。彼によれば真の教会は不可視で、そこにはキリスト者だけではなく、異端や異教徒の人々も属しうる。[5] こうした思想を持つ心霊主義たちは、宗教の絶対的な自由を唱える傾向が強い。他方、彼らは後世に影響を与えたものの、宗派を形成することはまずない。シュヴェンクフェルトを信奉した者たちは後に宗派を形成したが、それは数少ない例外だった。

ミュンスター事件以降の再洗礼派とメノー派の誕生

低地地方の初期再洗礼派運動において、大きな役割を果たしたのは、オベ・フィリップスだった。[6] オベが再洗礼派信徒となったのは、まさに再洗礼派が過激化しつつあった1533年、そして信仰洗礼を施したのは、ヤン・マティスという男が送った再洗礼派の使徒の一人だった。マティスは、不信心者に対する暴力を肯定する人物だったが、暴力には批判的なオベは、再洗礼派を非暴力・無抵抗の集団にしてゆく。それは簡単なことではなかった。ミュンスター派やヤン・ファン・バーテンブルフに率いられたグループは、暴力を用いても新しいエルサレムを実現したいと願っていた。再洗礼派を平和的な集団とするために、オベはこれらの勢力と論戦を繰り返さなくてはならなかった。やがて、オベの働きのおかげで、彼の下に集った人々はオベ派と呼ばれるようになる。また、彼は弟のディルク・フィリップスやダヴィデ・ヨリス、メノーらに洗礼を授けた。

こうした運動の中で、低地地方再洗礼派はやがて、メノーによって指導されてゆく。彼は、もともとカトリックの教義、とりわけ聖餐に関して疑問を持つことが幾度かあった。[7] さらに、彼は再洗礼派信徒シッケ・フレールクス・スネイダーの処刑、さらには1535年に生じた再洗礼派による修道院襲撃事件に衝撃を受けていた。メノーは、決して彼らの暴力に共感したのではない。彼の最初の著作は、襲撃の年に書かれた『ヤン・ファン・ライデンの瀆神について』というミュンスター派を批判するものであり、[8] 信徒にはあらゆる暴力を厳しく禁じた。翌年、司祭職を辞したメノーは、再洗礼派に加わり、以後オベらとともに布教を開始する。さらに、彼は1537年にはオベにより指導者になるよう依頼を受け、この重責を引き受けている。こうして、教義の定まっていなかった低地地方再洗礼派は、徐々に信仰告白とそれに基づく厳しい教会訓練により宗派としての姿を現すことになる。1539年には、メノーの手によって『キリストの教義の基盤』が出版されている。[9] 迫害を逃れるために秘密に出版されたこの著作は、低地地方再洗礼派の教義の出発点となった。

やがて、低地地方再洗礼派の指導者はオベからメノーへと代わる。ミュンスター事件の前後、再洗礼派の中には暴力行使も躊躇しない終末論的熱狂にかられた人々がいた。オベは、そうした人々から信仰洗礼を受けたという事実に耐えられず、メノーらの使徒職任命は実際には無効であると訴えはじめた。願いは聞き入れられず、結局彼は再洗礼派を去る。こうした過程を経ていまやメノー派と呼ばれるようになった彼らは、信仰洗礼と非暴力無抵抗の教義を広めていった。

心霊主義者と初期の再洗礼派

心霊主義者と初期の再洗礼派の間には共通点が見られる。例えば、メノーは、キリストの人性に関しては否定的であり、キリストは聖母マリアからは何らの性質も受け継いでいないと主張した。これは、恐らくメルヒオール・ホフマン経由でカスパー・シュヴェンクフェルトから受け継いだものと推測される。[10] また、メノーは信仰洗礼を正当化するためにフランクを引用しており、その著作にはかなり親しんでいたことが分かっている。[11]

また、メノー派が台頭する以前の低地地方再洗礼派の中には、ダヴィデ・ヨリスのような心霊主義に近い立場を取る者がいた。ヨリスは、悪魔は現世において何らの力も持たず、したがって魔女は人間の作り出した幻想であると主張した人物だった。[12] 当時の人々の多くが魔女を信じていたことを考えれば、この主張はまさしく稀有といってよい。他方、彼は自らを神によって遣わされた預言者と信じていた。聖書に関して、ヨリスは心霊主義的な立場を取る。あくまでも霊の助けを得て、聖書は初めて正確に解釈することができるというのが彼の主張だった。[13] ここには、心霊主義が当時の再洗礼派に投じた影響を見て取ることができる。ヨリスのこうした傾向はメノーには看過できなかった。メノーは、１５４２年にヨリスを批判する手紙を彼に送っている。[14] この後、ヨリスは１５４４年にバーゼルへと向かい、以後は自らの信仰を隠しながら自らの死まで生活を続けた。ヨリスが人々に忌み嫌われる特殊な信仰を持っていたことが判明したのは、彼の死後だった。ヨリスの死体は墓から掘り出され、火刑に処された。

メノーとヨリスとの対立に鑑みれば、メノー派と心霊主義者の共通点を強調するのは危険だろう。メノーの思想の原点には聖書研究があり、ヨリスのように聖書を聖霊の働きかけの下には置かなかった。教会観においても、彼らの態度は決定的に異なる。メノー派は信仰告白を造り上げ、信徒に厳しい教会訓練を課した。いわば、彼らは、終末が迫る中で理想的な可視的教会を世俗権力の及ばないところで造り上げようとした。他方、心霊主義者はこうした党派的思考を嫌悪した。彼らにとって真の教会とは不可視であり、訓練によって信仰を獲得するなどということは彼らの思考においてはありえないことだった。また、心霊主義者たちは実に様々な人々と交流を持った。フランスの特異なカトリック思想家であるギョーム・ポステルは、シュヴェンクフェルトやヨリスと交流を持った。R・ベイントンによれば、ヨリスが指導するグループは、ポステルの影響をかなり強く受けている。[15] 他方、初期のメノー派は、他宗派に対しては自らを閉ざしていた。いずれにせよ、ヨリスが低地地方を去った後、低地地方の再洗礼派運動においてメノーが指導するグループは最大多数となる。いわば、低地地方再洗礼派は、信徒に非暴力を徹底させ、さらにヨリス的な心霊主義を払しょくすることによって宗派として姿を現したのだ。

とはいうものの、やがて心霊主義は、再洗礼派信徒の一部を魅了するようになる。17世紀初期のオランダで大きな問題となっていたアルミニウス論争の中で、アルミニウス派からコレギアント派という新しい宗教グループが派生する。指導者を持たないこのグループは、シュヴェンクフェルトやフランクの影響を大いに受けている。コレギアント派は、厳密な意味では宗派ではなく、どのような信仰を持つ者でもこの派の会合に参加することができた。このため、多くの場合このグループに加わった者は、コレギアント派以外にも別の宗派の教会に通う。そして、この集団には数多くのメノー派信徒が加わっていた。少なくとも一部の心霊主義者たちの思想は、再洗礼派信徒を受け皿として17世紀のオランダに伝えられたのだった。

（1）Menno Simons, "Reply to Gellius Faber," in *The Complete Writings of Menno Simons*, trans. Leonard Verduin and ed. J. C. Wenger (Scottdale 1956), 670. なお、この著作の一部は、以下の文献において抄訳されている。榊原巌『アナバプティスト派古典時代の歴史的研究』（平凡社、１９７２年）。

（2）R. E. McLaughlin, "Spiritualism: Schwenckfeld and Franck and Their Early Modern Resonances," in *A Companion to Anabaptism and Spiritualism, 1521-1700*, eds., John D. Roth and James M. Stayer (Leiden-Boston 2007), 119-161.

（3）*Ibid*., 120-121.

（４）*Ibid*., 130.

（５）*Ibid*., 135-136.

（６）オベに関しては以下の文献を参照。オベ・フィリップス（倉塚平訳）「告白」（倉塚平他編『宗教改革急進派』ヨルダン社、１９７２年）388―415頁。

（７）Menno Simons, "Reply to Gellius Faber," in *The Complete Writings*, 668.

（８）Menno Simons, "The Blasphemy of Jan van Leyden," in *The Complete Writings*, 31-62.

（９）Menno Simons, *Dat Fundamenta des Christelycken Leers*, ed. H. W. Meihuizen (The Haag 1967); Menno Simons, "Foundation of Christia Doctrine," in *The Complete Writings*, 105-226.

（10）McLaughlin, "Spiritualism," 131-132.

（11）Menno Simons, "Foundation of Christia Doctrine," in *The Complete Writings*,138.

（12）G. K. Waite, "Man is a Devil to Himself": David Joris and the Rise of a Sceptical Tradition towards the Devil in the Early Modern Netherlands, 1540-1600," *Dutch Review of Church History* 75 (1995), 1-30.

（13）ヨリスに関しては以下の文献が参考になる。倉塚平『異端と殉教』（筑摩書房、１９７２年）。

（14）Menno Simons, "Sharp Reply to David Joris," in *The Complete Writings*, 1019-20.

（15）R. H. Bainton, "Wylliam Postel and the Netherlands," *Nederlandsch Arehief voor Kerhgesehiedenis* 24 (1931), 161-172.

（16）A. Fix, *Prophecy and Reason: the Dutch Collegiants in the Early Enlightenment* (Princeton University Press 1990).

8

忌避と破門をめぐる戦い

メノー派の分裂・統合の試み・アーミシュの出現

山本大丙

「あらゆる異端（私はかつて我々の仲間だった者たちのことを述べている）と変節者を、主の御言葉にしたがって忌避せよ――それが父だろうと母だろうと妻だろうと子供だろうと親戚だろうと友人だろうと……」(1)

メノー派には様々なグループがあるが、やはり再洗礼派のフッター派やアーミシュと同じく文明の利器を拒否して閉ざされた社会の中で生活する信徒もいる。彼らの間では、いわゆる忌避あるいは破門が行われている。信仰にふさわしくない行為を行った者とは、少なくとも一定期間一切の接触を断たなくてはならず（忌避）、場合によっては共同体から放逐される（破門）。メノーも上述のように忌避の実践を信徒に求めたし、初期のメノー派において忌避や破門は頻繁に、時には大規模に行われている。これには、宗派の分裂という副作用があった。じじつ、メノー派からは様々な分派が派生している。しかし、かつての仲間たちと和解したい、あるいはメノー派の枠を超えて他者と歩み寄りたいという思いを抱いた人々もいた。こうした中、低地地方のメノー派は分裂と統合を繰り返してゆく。17世紀の後半ともなると、メノー派の思想は他の再洗礼派にも影響を及ぼすようになり、状況はますます複雑化する。

メノー派の分裂

メノーは低地地方だけではなく北ドイツ一帯、特にバルト海に面したハンザ都市で布教したが、厳しい教会訓練のため共同体を去る者が後を絶たなかった。1555年、メノー派の長老だったレーナルト・バウエンスは、厳格な忌避に異を唱えたヤーコブ・ヤンスゾーン・スヘーデマーカー、ヘンドリク・ナールデマン、ヨリアーン・ヘインスゾーンの三名を破門した。忌避をめぐる論争はこれだけでは終わらなかった。(2) 1557年、シュトラースブルクの再洗礼派会議では、厳格な忌避に批判的な二つの勢力が主流グループを去った。離脱したグループの一つは高ドイツ派（Hoogduitsers）と呼ばれる者たちで、もう一つは後にワーテルラント派（Waterlanders）と呼ばれる分派だった。後者は、17世紀前半のメノー派の一大勢力となる。分派という性質のため、彼らは自らをメノー派（Mennonieten, Menisten）ではなく「洗礼に親しむ者」（doopsgezinden）と呼んだ。やがて、この呼称はオランダでメノー派信徒全般を示す言葉となる。このグループには、再洗礼派の特質である「現生からの断絶」という傾向は、ほと

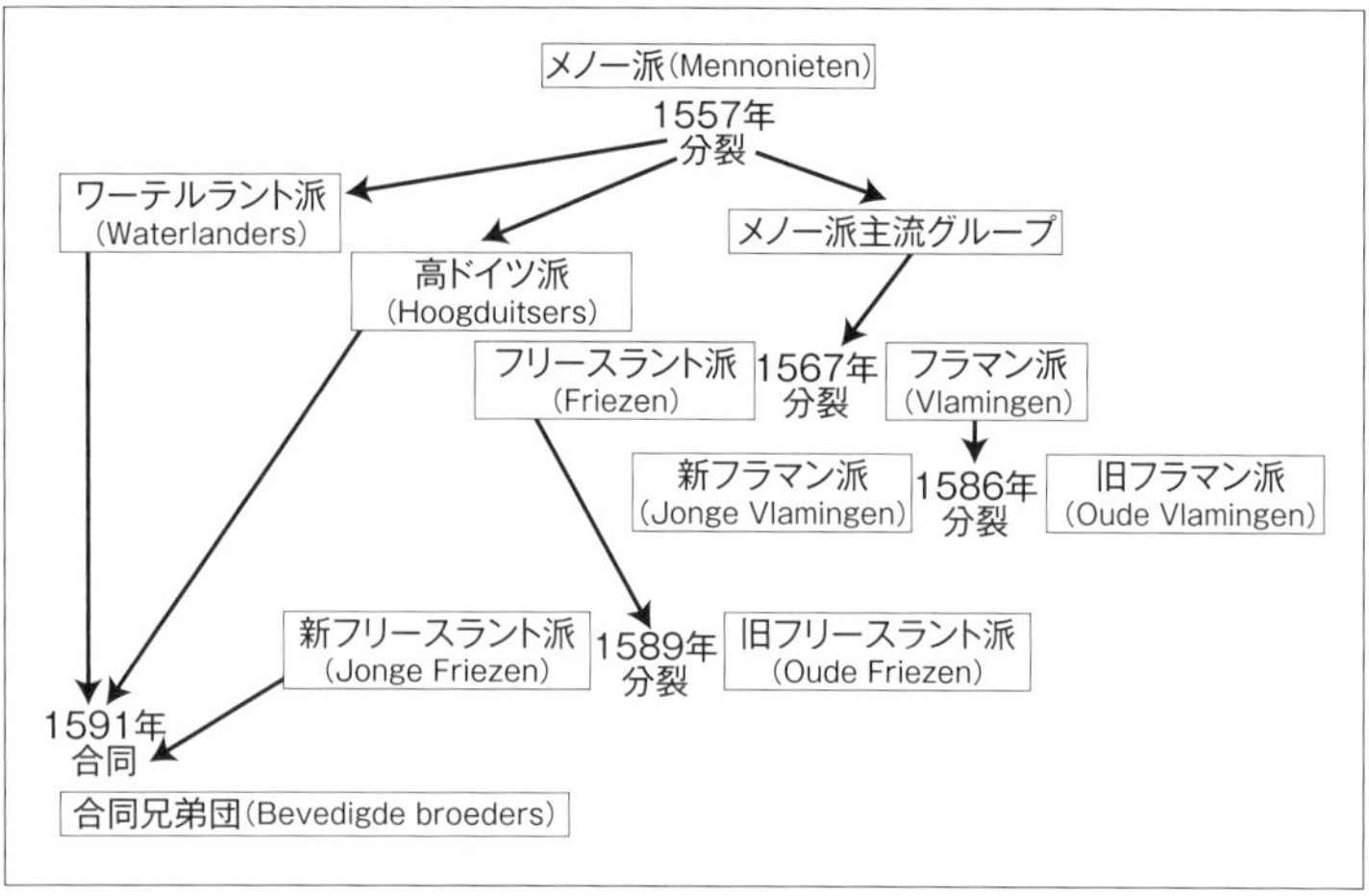

図８（上）　16世紀におけるメノー派の分裂と統合の過程
図９（左）　17世紀から19世紀にかけてのアムステルダムのメノー派の分裂・統合過程

んど見られない。ワーテルラント派の中にはメノー派以外の人々と結婚する者すらいた。

高ドイツ派とワーテルラント派が去った後の主流グループでは、さらに北部のフリースラント地方出身者と南部のフラマン地方出身者の間で論争が生じる。この対立は有力な指導者たちも巻き込んだ。ディルク・フィリップスはフラマン派を、レーナルト・バウエンスはフリースラント派を支持した。双方がお互いを破門しあった後、１５６７年に主流グループはフラマン派とフリースラント派に分裂する。その後も分裂は止まらなかった。前者は１５８６年に、後者は１５８９年に二派に分かれた。以降、オランダのメノー派は様々な分裂と統合を繰り返すことになる。その過程を二つの図

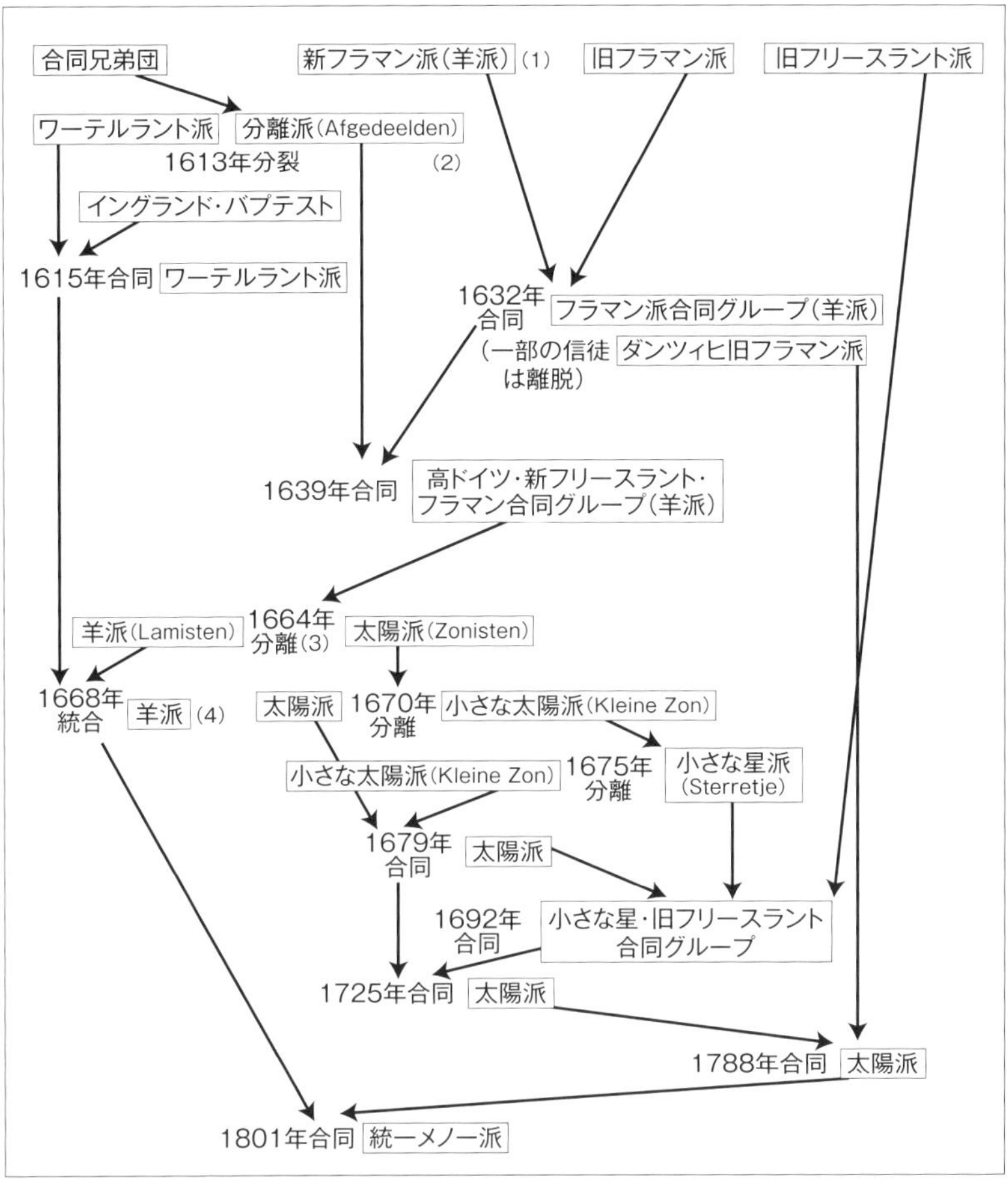

(1) アムステルダムの新フラマン派は「羊の隣」(bij 't lam) という「教会」に集った。隣に「羊」と呼ばれた醸造所があったことがその名前の由来であり、この名のため彼らはしばしば「羊派」(Lamisten) と呼ばれる。「羊の隣」はド・ハーンのグループによって使用されたので、「羊たちの戦争」以後には「羊派」という呼称はこのグループの人々を示す言葉として使用された。対抗グループである太陽派やその派生グループも「教会」の名前で呼ばれた。なお、改革派を公認教会とするオランダ共和国では、メノー派信徒の「教会」はあくまでも単なる集会所であり、厳密な意味での公的な教会ではない。

(2) 主にかつての新フリースラント派や高ドイツ派。

(3)「羊たちの戦争」による分離。

(4) ハールレムでは1672年、ロッテルダムでは1700年、ライデン1701年にワーテルラント派が羊派に合流している。ただし、中には太陽派に合流する者もいた。

に示した。これらはあくまでも概略図で、実際の状況はもっと複雑だ。

分裂に悩まされたメノー派だが、統合の試みも為された。17世紀初期の例としてはワーテルラント派の例を挙げることができる。この集団は自分たちの宗派に属さない人々にも救済は訪れうるという一風変わった信仰を持っていた。エキュメニカルな傾向の強い指導者ハンス・ド・リースは、様々な宗派あるいはメノー派グループと対話を行った。彼と接触した高ドイツのメノー派やイングランドのバプテストはワーテルラント派に合流した。もっとも、前者はワーテルラント派信徒の間で見られた宗派外結婚を咎め、１６１５年には袂を分かっている。(3)

統合の試み――その成功と失敗

分裂した再洗礼派グループの再統合という点で何よりも目立つのは、新旧両フラマン派による努力だ。１６３２年、ドルドレヒト信仰告白の下に旧フラマン派は新フラマン派に統合された。18箇条のこの信仰告白はいうまでもなく１６１８年から１６１９年にかけて行われた改革派の公会議とは一切無関係だ。ドルドレヒト信仰告白の14条は、「復讐について」という題目が付けられ、暴力のみならず他者に悲しみや損害を与えることを厳しく禁じている。この信仰告白は、自衛のための暴力も否定しており、全てのメノー派が示す暴力への強い嫌悪が窺える。また、第16条と第17条は、忌避と破門の必要性が訴えられている。ただし、それは忌避された者の破滅ではなく悔悛が目的とされている。忌避されている者が何らかの困難に直面していた場合、具体的には空腹、着るものがない、あるいは病気に罹患している場合は救いの手を差し伸べなければならない。(4) もっとも、信徒の幾人かは統合グループから分離しており、統合期のグループ内でも様々な意見の相違があったことが分かる。

１６３９年には、高ドイツ派と新フリースラント派が合同フラマン派に合流した。ドルドレヒト信仰告白はオランダのみならず国外の再洗礼派に大きな影響を与えた。スイスからエルザスへと逃れた再洗礼派は、１６６０年にドルドレヒト信仰告白を自らのものとすると決定する。北ドイツやプファルツの再洗礼派も、この信仰告白を採用するグループが多かった。こうして、メノー派とは異なる起源を持つ再洗礼派は、徐々に「メノー派化」していった。今日でも、再洗礼派にとってドルドレヒト信仰告白が持つ意味は大きく、北米に移住したメノー派の多くもこの信仰告白を受け入れている。(5)

しかし、ドルドレヒト信仰告白の登場後も分裂は生じた。しかも、オランダの全メノー派信徒を震撼させた論争が二度の再統合を成功させてきた合同フラマン派で生じた。きっかけは、ハレヌス・アブラハムスゾーン・ド・ハーンという長老だった。ド・ハーンは、ライデンで医学を学び１６４５年には博士号を取得したが、１６４８年にはアムステルダムで合同グループの説教師となりやがて長老となる。ワーテルラント派が統合を模索して合同フラマン派に接触した時、ド・ハーンはこれを断った。当時の彼からすれば、ワーテルラント派は他宗派に対しあまりにも寛容すぎた。

しかし、メノー派であると同時にコレギアント派でもあったド・ハーンは、やがて制限なしの絶対的寛容と普遍救済主義的思想（ユニヴァーサリズム）に傾いてゆく。自らの確信に基づき、ド・ハーンはメノー派でない者をも合同フラマン派の聖餐への参加を許可しようとした。その中には三位一体やキリストの神性を否定するソッツィーニ主義者すらいた。こうして合同フラマン派の「教会」はソッツィーニ思想が西欧に広まる足掛かりのひとつとなったが、ド・ハーンの方針は反発に直面した。その反面、彼の支持者も多く、その方針に賛成する者と反対する者の間では泥沼の議論が展開された。この論争は、宗派外の人々には救済が全く訪れないのか、あるいは真の教会は可視的なのか不可視なのかという問題を巡って白熱した。１６６４年、ド・ハーンに批判的だった指導者サムエル・アポストールは、５００人の信徒とともにグループを去り、太陽派と呼ばれる新しいグループを造り上げた。こうして、オランダのメノー派はド・ハーンの影響を受けた羊派と保守的な太陽派の二派に再構成されることになった。アムステルダムのワーテルラント派は１６６８年に羊派に合流した。

論争が生じた教会の名から「羊たちの戦争」(lammerenkrijg) と呼ばれるこの騒動の背景には、かつての心霊主義者たちがメノー派に与えた影響を垣間見ることができる。(6) メノー派の中には心霊主義に魅入られる者が少なくなかった。メノー派信徒が数多く加わったコレギアント運動は、シュヴェンクフェルトやフランクの影響を受けている。間違いなくド・ハーンも心霊主義に大きく傾いていた。「羊たちの戦争」はいわば、信仰告白を重視する信徒と、信仰告白といえども――たとえそれがドルドレヒト信仰告白であっても――人間の手によって書かれたものである以上絶対的な権威とはなりえないと考えるメノー派内部の心霊主義者たちの対立だった。分裂はその後も生じており、オランダ・メノー派が一つに統合されるのは19世紀を迎えてからだった。

アーミシュ

忌避をめぐる論争は、オランダ以外の地でも行われた。特に目立つのはスイス再洗礼派内部で1690年代に生じた論争だ。(7) この論争を経て、今日では大多数が北米に居住しているアーミシュと呼ばれる再洗礼派集団が生まれる。彼らは、何よりも電気やガソリンを使用しない近代以前の生活様式を頑なに守る人々として知られている。アーミシュは忌避をめぐる二人の指導者の対立が原因で誕生した。(8) もともと、スイス再洗礼派は厳格な忌避を嫌っていた。それは聖餐においては行われていても、日常生活においては実行されなかった。エルザスへと逃れた同胞を通してドルドレヒト信仰告白はスイス再洗礼派信徒の耳にも届いていたが、彼らはそれを自らのものとはしなかった。

ハンス・ライストはそうした穏健な姿勢を保った人物だった。また、ライストは再洗礼派共同体外部の人間が救済される可能性も認めていたと言われている。これに異を唱えたのがヤーコプ・アマンという指導者だった。ライストより厳格な彼は、1693年以降ベルン地方でライストと幾度となく対峙した。アマンは厳格な忌避の実践を求め、さらにライストをはじめとする穏健派の普遍救済主義的な思想をも批判した。オランダとは異なり、スイスでは再洗礼派に対する迫害が厳しかった。こうした中、改革派の中には、迫害を受ける再洗礼派に共鳴し援助する者たちがいた。ライストはそうした人々を念頭において、宗派の外の人々の救済可能性を否定しなかったのかもしれない。だが、アマンにとって宗派の外に神の救いがあるなどという考え方は唾棄すべきものだった。論争は長く激しく続いた。幾度となく和解が試みられたが成功せず、アマンに従う人々は結局、スイス再洗礼派から分離する。新しく出来たこのグループこそアーミシュであり、指導者アマンを語源とする。彼らは、様々な紆余曲折を経てアメリカへと移住した。今日のアーミシュは専ら北米に居住しており、アマンの教えを守り抜いている。いってみれば、再洗礼派共同体内部あるいはその外部も巻き込んで頻繁に行われた忌避や破門をめぐる論争から誕生したのがアーミシュだったのだ。

（1）Menno Simons, "Account of Excommunication," in *The Complete Writings of Menno Simons*, translated by Leonard Verduin and ed. J. C. Wenger (Scottdale 1956), 472.

（2）メノー派の分裂と統合の過程に関して日本語で書かれたものとしては、榊原巌『アナバプティスト派古典時代の歴史的研究』（平凡社、１９７２年）477―479頁。英語で書かれたものとしては、M. S. Sprunger, *Rich Mennonites, Poor Mennonites: Economics and Theology in the Amsterdam Water-*

lander Congregation during the Golden Age (UMI 1993), 25-32; S. Zijlstra, *Om de ware ge-meente en de oude gronden: Geschiedenis dopersen in de Nederlanden* 1531-1675 (Verloren 2000), 271 の図も参照。

（3）Sprunger, *Rich Mennonites, Poor Mennonites*, 28-30.

（4）ドルドレヒト信仰告白の第16条と第17条は以下に和訳されている。坂井信生『アーミシュ研究』（教文館、１９７７年）54―55頁。

（5）"Dordrecht Confession of Faith (Mennonite, 1632)," Global Anabaptist Mennonite Encyclopedia Online, http://gameo.org/index.php?title=Dordrecht_Confession_of_Faith_(Mennonite,_1632)&oldid=91587

（6）「羊たちの戦争」に関しては以下を参照。S. Zijlstra, "Anabaptism and tolerance: possibilities and lim-itation," in *Calvinism and Religious Toleration in the Dutch Golden Age*, eds. R. Po-Chia Hsia and H. F. K. van Nierop (Cambridge 2004), 112-131.

（7）アーミシュ論争前後のスイス再洗礼派については以下を参照。踊共二「アーミシュの起源――寛容思想史の観点から」（『武蔵大学人文学会誌』44巻1―2号、２０１２年）91―115頁。

（8）アーミシュの起源とライスト・アマン論争については、坂井信生『アーミシュ研究』を参照した。

9

自覚的信仰と予定

ジャン・カルヴァンと改革派の再洗礼派観

山本大丙

「これほどの恥をせおって神からは断罪されている人間が、自分に何か残されたものを見つけようというのか。彼はなおも自分がひとかどの者だと思っているのか。彼はまだ、ひざまずき打ち倒れて、神にすべてをゆだねるべきこと、自分を低くし、神を高くすべきことを学んでいないのか。自分に何かが残っていると考えるなら、それを私は謙遜とは呼ばない。(1)」

後のプロテスタントに大きな影響を与えたジャン・カルヴァン（1509-1564）は、ルターと同様にアウグスティヌスの影響を受けた改革者である。カトリックが信仰における自由意志の役割を認めるのに対し、ルター派やカルヴァン派はこれを認めない。一般的なカトリックの考え方によれば、救済は人間の自由意志と神の恩恵の双方向のはたらきによって実現されるが、ルター派やカルヴァン派のようなプロテスタント主流勢力によれば、人は完全に堕落しており、したがって人がもし救済されるとするならば、それは人間自身の努力ではなく神の恵みのみによって可能となる。つまり、救済はあくまでも神から人への一方向なのだ。そうした思想を如実に表すのがこの言葉だ。カルヴァンは自らの思想をさらに押し進め予定論を確立した。一人の人間が救われるか否かはあらかじめ神によって決定されており、人間はそれに対して異を唱えることができない。全ては神の意志次第なのだ。(2)

カルヴァンの考え方は、ある意味において非常に謙虚であり、じじつ神の前にへりくだるその姿勢は数多くの賛同者を惹きつけた。しかし、彼が謙虚なのはあくまでも神に対してのみであり、人間に対するとなると事情は大きく異なる。パリ大学とブルージュ大学で学びセネカの『寛容について』を翻訳したこの人文主義者は、1533年前後に回心をし、それ以降宗教改革の荒波の中に身を投じていったが、その過程で犠牲者を出すこともあった。1541年よりジュネーヴで始まる彼の神権政治は苛烈を極め、1553年には反三位一体論者のミカエル・セルヴェトゥスが生きたまま火刑に処せられた。これは、宗教改革最大の汚点であり、これが原因で彼は数多くの非難を浴びることになった。

その生涯において、カルヴァンは数多くの人々と論争し、数多くの宗派を非難したが、再洗礼派もその中に含まれる。(3)カルヴァンは1534年にオルレアンで不思議な宗教グループと接触している。伝統的なキリスト教の教義では人の魂は死後も覚醒したままであり、死ぬこともなければ眠りにつくこともない。しかし、このグループはこの見解に異を唱えていた。カルヴァンはこのグループを批判する書「魂の眠り」(*Psychopannychia*) を著しており、1534年の草稿の序文では彼らを「再洗礼派」と呼んでいる。カルヴァンは、1536年から1538年にかけてジュネーヴに逗留しているが、この時に再洗礼派と論争を交わしている。結局カルヴァンに論戦を挑んだ再洗礼派は市から追放された。もっとも、カルヴァン自身もすぐに追放の憂き目にあい、再びジュネーヴに戻るまでの数年間をシュトラースブルクで過ごさなくてはならなかった。カルヴァンはここで数名の再洗礼派信徒を改宗させることに成功した。当時のシュトラースブルクは様々な信仰を持った人々が集まる場所であり、どうやらカルヴァンはここでメルヒオール・ホフマンの「天の肉」仮説（キリストはマリアの体を通過したのみであり、何らの肉も聖母より受け継いでいないという考え方）を知ったらしい。

だが、カルヴァンの再洗礼派批判の中でも最大のものは、1544年の「良き信徒のための再洗礼派論駁簡易入門」(*Brieve instruction pour armer tous bons fideles contre les erreurs de la secte commune des Anabaptistes*) であろう。この書は六章に分けられ、それぞれが再洗礼派の教義に対する論駁となっている。[4] カルヴァンはミヒャエル・ザトラーのシュライトハイム信仰告白の一部を引用しつつ、第一章で再洗礼派の洗礼論（シュライトハイム信仰告白第一項）、第二章で放逐論（同、第二項）、第三章で非暴力論（同、第六項目）、第四章で宣誓論（同、第七項）を批判し、その後に第五章で受肉論を、第六章で死後の魂の状態を述べる。とまれ、まずカルヴァンによる再洗礼論批判を見よう。

まずカルヴァンは、新約聖書の中に見られる初期キリスト教の洗礼は専ら成人に対して行われており、これが再洗礼派の幼児洗礼否定の根拠のひとつとなっているとする。しかし彼は、キリスト教が勃興しつつあった当時と布教が完了した宗教改革期を同列に論ずることに批判的である。なるほど、もし異教徒が改宗するのであれば、成人の洗礼は避けられず、しかも洗礼を受ける前には教理が与えられなくてはならない。しかし、キリスト教のコミュニティ内部にある人間とそうでない人間の間には大きな差がある。カルヴァンの考え方にしたがうならば、再洗礼派はこの差を全く理解しておらず、ある意味においてあまりにも個人主義的なのだ。既にキリスト教徒である人々はあらかじめ共同体内部において教理を有しており、洗礼によって信徒としての証明を得、救済が約束される。しかも、それは個人にだけではなくその子孫をも対象とする。ところが、再洗礼派はこれを認めない。したがって、洗礼を受けない子供は教会の外部にいることになり、このサクラメントを受けるまでキリスト者とはいえず、救済も約束されていないことになる。極端なことを敢えていうならば、信仰洗礼以前の子供が死亡した場合、その救済は不可能ということにもなりかねない。さらに、カルヴァンは洗礼が複数回行われることにも疑問を呈している。再洗礼派に改宗した者は、当然ながら改宗前に一度洗礼を受け、さらに信仰を獲得しもう一度洗礼を受ける（再洗礼）。しかし、洗礼を受けたもののその後信仰に躓いた者たちに、使徒たちは再洗礼を施しただろうか。聖書に照らし合わせれば、再洗礼派の主張には根拠がない。

次にカルヴァンは、再洗礼派の破門論を批判する。再洗礼派においては、罪を犯した者は、少なくとも一時的に追放される。カルヴァンは、放逐の必要性を認め、その点では再洗礼派の考え方は自分と変わらないとする。それでは、カルヴァンは再洗礼派に同意するのだろうか。そうではない。彼の考えでは再洗礼派はあまりにも厳しすぎた。再洗礼派において、放逐が適切に行われない場所には教会は存在しえない。そこは神聖な場所であり傷や汚れがあってはならない。放逐された信徒が聖餐にあずかることはありえない。しかし、カルヴァンは放逐が行われない教会も認める。むろん、そのような瑕疵は好ましいことではない。しかし、それ以上に問題なのは、教会から切り離された人間が聖餐に参加できなくなることである。それは、放逐された人間が神の恵みを得ることをいっそう困難にしてしまう。人は皆例外なく罪人である。教会はそうした人々のためにあるのだ。

次にカルヴァンは再洗礼派の暴力否定ならびに世俗権力の否定を攻撃する。カルヴァンはここで特に後者を批判している。もし剣ならびに世俗権力が否定されるならば、果たして旧約聖書の良き王たち、例えばダビデやエゼキエルといった人々の行為はどのように見なされるのだろうか。再洗礼派の価値観にしたがうならばそれもまた悪なのだろうか。ダビデを見るがいい。その統治は神によって認められたのみならず、数多くの称号をもって称えられたではないか。カルヴァンの見解にしたがうならば、再洗礼派の世俗権力観は正しいとはいえない。また、暴力に対する再洗礼派の見解もカルヴァンは否定する。ここでカルヴァンはローマの信徒への手紙13章4節の「権威者はいたずらに剣を帯びているのではなく、神に仕える者として、悪を行う者に怒りをもって報いるのです」という言葉を引用し、この世における剣の必要、そしてそれが世俗権力に委ねられることを肯定している。

カルヴァンが次に攻撃するのは再洗礼派の宣誓に関する独自の見解である。彼は一見すると再洗礼派のこの主張は正しいと思われるかもしれないという。これはまさにイエス自身の言葉だからである。しかし、カルヴァンによれば、神は人に誓いを行うことを望んでいる。宣誓は実際に旧約聖書中にも見られる。例えば申命記6章13節「あなたの神、主を畏れ、主にのみつかえ、その御名によって誓いなさい」がそうした例である。むろん、カルヴァンは虚偽の宣誓に対しては警戒の念を持っている。しかし、神を証人としまことの宣誓を行うのであれば、それはむしろ行われるべき尊い行為である。第五章ではメルヒオール・ホフマンの受肉概念が攻撃される。これは後の再洗礼派、特にメノー派においては棄却された概念だが、一瞥することにしよう。カルヴァンによれば、かつて再洗礼派に近い考え方をした異端がいた。マニ教徒とマルキオン派である。再洗礼派の受肉観は、こうした古代の異端を復興させるものである。そもそも創世記において神はエヴァに汝の種子は蛇に打ち勝つであろうと言ったではないか。カルヴァンによればこれはキリストの出現を預言したものである。神はまたアブラハムやヤコブに、彼らの種子のなかであらゆる人々が祝福されるだろうと述べている。聖パウロによれば、この種子こそまさにイエスを生み出すのだ。そうであるならば、キリストが人の体をマリアより受け継いでいるのは間違いのない事実である。その後カルヴァンは、「魂の眠り」に関する再洗礼派の誤りを批判するが、この的外れな批判は割愛する。現在の歴史学において、再洗礼派の一グループがそのような思想を有していた事実は確認されていない。

カルヴァンの思想と再洗礼派のそれの間に横たわる大きな溝は、つまるところ両者の人間観あるいは教会観の違いにある。再洗礼派において、人は自覚的な信仰によって救済を得る。信仰に背いた人が現れたらその者が改心するまで破門がなされる。教会は良き信仰を持つ人々が集まるある種の宗教的純粋さを有した場所なのである。他方、カルヴァンにとって人間とは堕落しきった存在であり、そんな彼らがたとえ教会を形成しようとも、背負う罪過から逃れることはできない。人はあくまでも神の恵みによってのみ救済を得ることができる。カルヴァンにとって、教会とはその恵みを求めて罪人が集まる場所なのだ。

（1）ジャン・カルヴァン（久米あつみ訳）『キリスト教綱要（初版）』（『宗教改革著作集第９巻』教文館、１９８６年）60頁。

（2）カルヴァンの思想に関しては以下の文献を参照した。ジャン・カルヴァン『キリスト教綱要』（カルヴァン著作集刊行会、新教出版社、１９６２―６５年）。なお、カルヴァンは自らの主著を５度に渡って改訂し出版している。同書は『キリスト教綱要』の最終版の翻訳である。また最近、渡辺信夫氏によって最終版の改訳が出された。渡辺信夫訳『キリスト教綱要　改訳版』全３冊、新教出版社、２００７―０９年。

（3）カルヴァンの再洗礼派観に関しては以下の文献を参照した。John Calvin, *Treatises against the Anabaptists and against the Libertines*, trans. and ed., B. W. Farley (Grand Rapits 1982).
（4）この書物の英語版は前掲書の中に収録されている。

第2部　再洗礼派の諸相

1

「使徒的生活」を目指す改革者たち

中世後期の宗教運動と再洗礼派

鈴木喜晴

「しかし、もし兄弟が、この忠告の後にも悪い行いを改めようとせず、自分の罪を否認するならば、証人となる他の兄弟に告げる前に、まず、長上に告げるべきである。そうすれば、秘密のうちに兄弟の罪が正されて、他の人々には知られないですむからである。もし彼が罪を認めないならば、他の証人を集めて、全員の前で告発されるべきである。それにより、一人の証人だけでなく、二人あるいは三人により告発するのである。罪を認めたならば、彼は長上かあるいはそのような問題についての権限をもつ司祭により決定された、矯正的な罰に服さなければならない。もし彼が罪に服することを拒否するならば、彼自身が退去しようとしなくても、あなたがたの共同体から追放しなければならない。このことは、残酷さによるのではなく、慈悲によるのであり、すなわち、彼の病気が感染することで多くの兄弟が病気になるのを防ぐためである。」[1]

「第二に、わたしたちは放逐についても意見が一致した。放逐は、主の戒めに従って歩むべく、主に身をささげたすべての者、および、キリストのからだへと洗礼を受けて、兄弟あるいは姉妹と呼ばれるようになって、しかも時折道を踏み外し、誤りと罪とに陥り、知らずに不意を打たれるような者すべてに適用さるべきである。このような者は、二度までは個人的に警告を受け、三度目には全会衆の前で公に、キリストの命令に従って、処罰を受けるべきである。このようなことは、霊の定めに従って、パン裂きの前になさるべきである。それはわたしたちが心を合わせ、ひとつの愛から同じパンを裂き、同じ杯から飲むことができるためである。(2)」

「新しい修道士たち」

宗教改革はしばしば、単なる修道制の否定として理解されがちだ。ルターをはじめとする改革者たちは修道制のもたらす害悪を厳しく批判したし、現実にプロテスタントの勢力が拡大した地域では修道院の閉鎖・解散が頻繁に実行されたからだ。

ところがその時代に、カトリック、プロテスタントの双方から「新しい修道士たち」としばしば非難された人々がいた。再洗礼派の人々だ。「聖化」された共同体へと向かう意思、俗世の悪に染まることを嫌い、信仰者にふさわしい生活の刷新を望む意思によって結束した彼らの姿は、人々の目にあたかも中世における放浪修道士たちの再来と映ったのかもしれない。そこには、かつて遍歴説教者や隠修士に対して人々が抱いていたような軽蔑と畏敬、嫌悪と愛情の入り混じったまなざしがあったにちがいない。(3)

冒頭に並べられた二つの引用のうち前者は、「アウグスティヌスの会則」とよばれる文書からのものだ。12世紀以降、カトリック教会のなかで、共同生活を送ろうとした「律修参事会」とよばれる団体や後に「托鉢修道会」と総称されるようになった新修道会でしばしば採用された規則だ。後者は、一般的には「シュライトハイム信仰告白」とよばれる文書からのものだ（図10）。1527年、再洗礼派の指導者ミヒャエル・ザトラーによって書かれたとされる「神の子らの兄弟の一致」だ。もちろん、両者の間には数百年の隔たりがあり、また、前者が長上（修道院長）の父権を強調し、後者が兄弟間の平等を重んじているという違いはあるけれども、どちらの文書にもはっきりとあらわれているのは、共同体の秩序と規律を保つことで、ともに生きる人々が一致し、共

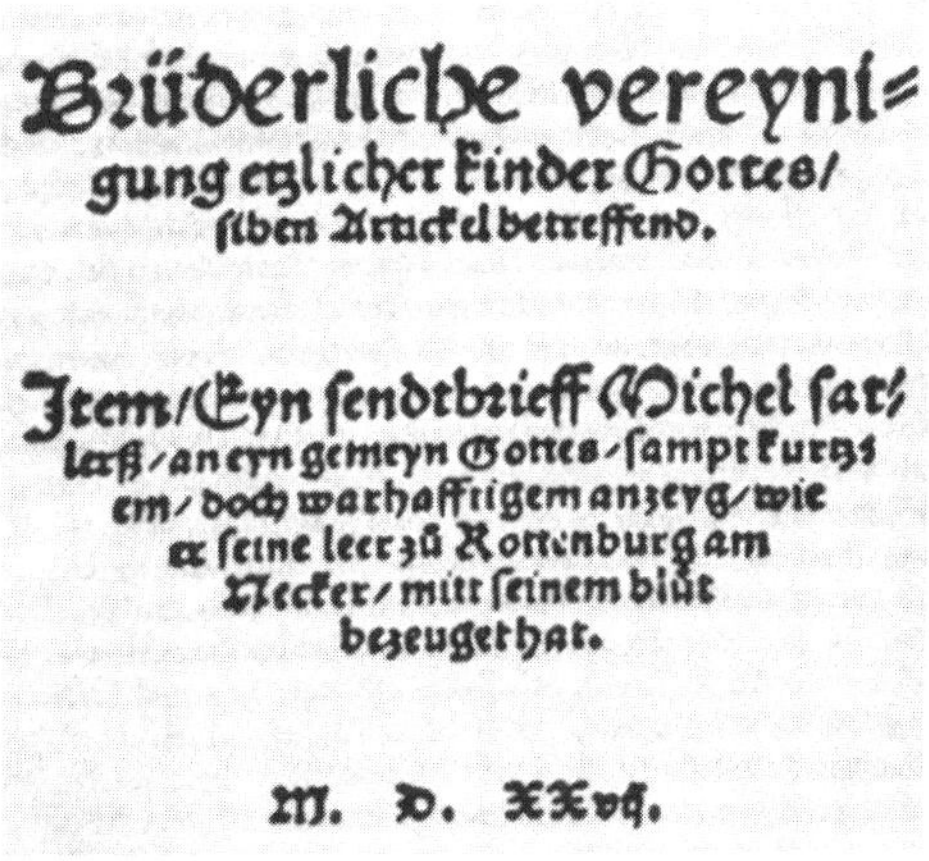
Brüderliche vereyni=
gung etzlicher kinder Gottes/
siben Artickel betreffend.

Item/ Eyn sendtbrieff Michel sat/
lers/ an eyn gemeyn Gottes/ sampt kurtz
em/ doch warhafftigem anzeyg/ wie
er seine leer zů Rottenburg am
Necker/ mitt seinem blůt
bezeuget hat.

M. D. XXvij.

図10　シュライトハイム信仰告白

同生活を神の前に聖化されたものとしなければならない、という強い確信だ。教会制度としての修道制を否定したはずの宗教改革が、一方で中世の修道士にも似た精神性を帯びた人々を生み出したのは、単なる偶然だろうか、それともこの二つの文書を橋渡しするなんらかの影響関係が存在したからだろうか。[4]

修道院と使徒的生活

確かに、初期宗教改革の指導者たちは元修道士またはそれに近い環境にいた者が非常に多い。アウグスティヌス会出身のルターをはじめ、アンドレアス・オジアンダー、ヨハン・ラング、ヴェンツェル・リンク、シュテファン・アグリコラ、元ドミニコ会のマルティン・ブツァー、元フランチェスコ会のヨハン・エバーリン、元ベネディクト会のアンブロシウス・ブララー、ミヒャエル・ザトラー、そして一時期ビルギッタ会の修道院で律修生活を送っていたヨハネス・エコランパディウスと枚挙に暇がない。[5]

しかし、そもそも修道的共同体とはどのようなものだったのだろうか。中世前期の修道制は、「ベネディクトの会則」に象徴されるように、農村社会を背景に領主・貴族層出身者を中心とした修道士たちが修道院内で典礼と観想にもとづいた生活を送ることを志向していた。一方、12世紀以降の宗教運動は勃興しつつあった都市社会のなかで商人・市民層に広まった、「使徒的生活」あるいは「使徒的共同体」への希求と深くかかわっていた。遍歴説教者や隠修士たちが、司教らによる度重なる警告や禁止にもかかわらず、各地で活動を行い、人々に直接訴えかける姿が見られた。文字通りの清貧を実践する彼らの姿は従来の司祭や修道士の姿からはほど遠いもので、熱狂的な敬意と追随者を集める一方、しばしば「偽修道士」「異端」という非難が彼らに対して投げかけられた。異端として迫害されるか、それともやがて教会内で「公認」された新修道会として安定した地位を得るかという運命の違いは、彼ら自身の教義や実践よりもむしろ彼らを取り巻く社会に左右されるところが大きかった。「リヨンの貧者」と呼ばれたワルドー派と、「裸のキリストに裸で従う」をモットーに各地で活動したフランチェスコたちとの間に存在する境界は、今日われわれが想像するよりはるかに曖昧なものだったろう。[6]

先に挙げた「アウグスティヌスの会則」の採用も、同時期の社会が劇的な変化を遂げつつあったことと無関係ではない。教会や修道院が異教的な世界のなかに孤立した布教の拠点であった時代は過ぎ去り、文字通りのキリスト教社会が誕生しつつあった。十字軍や巡礼に象徴される熱狂的な信心が生まれる一方で、司祭・修道士と俗人という既存の身分もまた大きく揺らぐ。[7] 典礼重視の「ベネディクトの会則」に代わって、修道院外での活動の余地を大きく残す簡素な「アウグスティヌスの会則」に従う新修道会の創設には、回廊内よりも都市社会での説教や慈善に信仰の場を見出した人々の、使徒的な「共同生活」という理想が色濃くにじみ出ている。[8] 中世の宗教運動について考えるとき、「制度的教会」と「分派」という二分法にとらわれすぎると、共同生活それ自体が一種の宗教的実践であって、当事者たちがこの生活を刷新し堅持することを最大の課題としていたことを見逃してしまうかもしれない。たとえ修道会というかたちで教会の秩序に嵌めこまれていたとしても、この共住と共餐によって結びついた共同体が、自らの出自を忘れてしまうことは決してなかった。[9]

この観点から見た場合、中世の托鉢修道会は、しばしば言われるような「教皇の尖兵」という単純化されたイメージとは別の側面を持っている。もちろん、教会の管理層が逸脱への監視と、介入を繰り返していたことは無視できないが、各修道会は、その核にある共同体的な理想にしたがって、独自の伝統と自律的な性質を保ち続けていた。托鉢修道会が同時代のキリスト教に推進力を与える集団であったと同時に、さまざまな「異端」を繰り返し生み出す母体でもあったのは、この性質によるところが大きい。[10]

時代は下り、再洗礼派の流れをくむ各共同体が、ゼバスティアン・フランクの『年代記』（第一版１５３１年）などの影響で自分たちの「起源」を意識しはじめると、中世の「異端」的な共同体、特にワルドー派を宗教改革の先駆者として理解するようになっていった。[11]一方、同時期のカトリック側はまったく正反対の立場に立ちながらも、トレント公会議でワルドー派からルターとツヴィングリに至るまでの「異端者たちの系譜」を列挙した。[12]

ワルドー派は中世後期から末期にかけて常に迫害の脅威にさらされながらも、俗語訳聖書を核にした「読書の共同体」を維持し続けた。彼らは中世のもう一つの異端、カタリ派のように完全な「対抗教会」をつくらず、カトリック的キリスト教世界の周縁に置かれながらも、神の言葉を説教し、使徒たちに（堕落した教会権威とは異なって）正しく従っている兄弟的な共同体として自己を認識していた。[13] したがって、再洗礼派が出現したとき、人々が彼らをワルドー派の後裔だと認識したのはむしろ自然な成り行きだっただろう。

しかし、宗教改革史家たちがしばしば指摘してきたことだが、このような認識を無批判に歴史化して、初期宗教改革あるいは再洗礼派運動と、ワルドー派、あるいはフランチェスコ会急進派、フラティチェリ、ベギンのような中世の宗教運動、異端的「分派」との連続性を仮定することには問題がある。[14] 宗教改革の中世的「起源」または「系譜」を一面的に強調しすぎることは、既存の修道院的環境で育ち、その宗教性に親しんですらいた多くの改革者たちが、一方でカトリック教会の制度あるいは文化としての修道制に対して行った批判の理由を理解することが困難になるからだ。実際、改革者たちは修道士、特に当時の托鉢修道士の聖職禄に依存した富裕な生活、そして聖職者・修道者の独身制に対して、激しい攻撃を加えていた。この批判の意味は、「起源」や「系譜」よりもむしろ、14世紀ごろから16世紀初頭にかけての歴史的文脈のなかでとらえ直さなければならない。

厳修運動、「新しい信心」、初期宗教改革

14、15世紀の托鉢修道会は、民衆とのつながりを失い、富裕化と腐敗の道をたどったと一般的に考えられてきた。けれども、近年ではむしろ、この時期から自らの刷新を旗印に、より厳

格な共同生活と初期の使徒的生活の理想に立ち返ろうとする運動が活発化しはじめていたことが指摘されている。この「厳修運動」はとりわけ南ドイツで活発化し、やがて托鉢修道会全般に改革機運をもたらした。[15]またベネディクト会系修道院でも「復興」への機運が見られはじめる。修道制ルネサンスとも呼ばれるこのような動きとほぼ並行するかたちで盛り上がりを見せたのが、「新しい信心」（デヴォティオ・モデルナ）と呼ばれる運動だった。もちろん兄弟団や第三会というかたちで、すでに「俗人」の宗教行事や典礼への関与ははじまっていたが、共同生活兄弟会の試みとその成功は、都市住民により深化した敬虔と宗教生活の可能性を示していくことになる。[16]

この時期の改革志向が修道会内部に限られた動きにとどまらず、また、厳修というかたちで修道院の規律回復、俗世からの分離が志向される一方で、「新しい信心」が従来ならば俗人として共同生活の枠外に置かれていた人々に訴えかけるという、一見矛盾したありかたを見せたのは、中世末期に俗語文化が宗教世界にも浸透し、西ヨーロッパが「キリスト教化」の新たな段階に入っていくなかで、聖職者―俗人の垣根を越えた宗教的覚醒が始まったことと密接に関連している。俗人が禁欲と節制、生活の聖化を受容し、「読書の共同体」を構築することで、良きキリスト教徒であろうとすればするほど、修道士という身分の特権性がますます自明ではなくなり、新たな差異化が望まれるという矛盾を含んだ変化が胎動しつつあったのだ。15世紀後半から16世紀初頭にかけて、このような矛盾は一方で修道生活の「弛緩」、とくに共同生活と財産共有、貞潔の不徹底を非難し、会則の「文字通りの厳守」を志向しつつも、他方では聖職禄や寄進に依存した聖職者・修道士身分への批判、そして独身制そのものへの懐疑すら高めるという結果をもたらすこととなった。

16世紀前半の再洗礼派もまた、中世的な聖職者・修道士を上位とするヒエラルキーの中で、彼らに司牧される下位の「俗人」であることに甘んじることなく、自発的な制度化されないキリスト教共同体を希求した人々の集団だった。再洗礼派の指導者だったミヒャエル・ザトラーのような人々は人文主義的な立場からルターのメッセージに共感しつつも、即座に宗教改革の流れに乗り移らなかった。初期の段階ではむしろ自らが所属する修道院や修道会の改革、刷新を模索し、やがてそれに挫折したときはじめて、再洗礼派というかたちをとった新たな宗教的コミュニティ形成を志向しはじめたのだ。したがって、彼らの運動への参加が「兄弟・姉妹たち」の使徒的な共同生活への関心へと向かったこともまた、自然な結果だったと言える。(17)

１５１９年当時ザトラーが所属していたとされるフライブルク近郊のザンクト・ペーター修道院はベネディクト会改革運動の波に洗われていた。彼が修道院を去り結婚したマルガレータは元ベギン会修道女だった。元修道士と元修道女との結婚という選択を彼らが積極的に選びとったのは、単に独身制の否定、俗人への「還俗」という消極的動機からだけではなかった。これは再洗礼派を超えて、ルターとカタリーナとの場合にもいえようが、おそらくは結婚によってよりキリスト教的な共同体を構築できるという確信が影響していたからではないか。夫婦あるいは家族という結びつきを信仰の中心としていった再洗礼派共同体と、「キリストと結婚した」男性聖職者が独身制を維持しながら俗人の結婚という秘跡をとりおこなうカトリックという対比は、近代社会における共同性のありかたを対極的なかたちで体現しているといえるだろう。(18)

（１）「神の僕のための修道規則第４章」（上智大学中世思想研究所編『中世思想原典集成４　初期ラテン教父』平凡社、１９９９年）１１００頁。
（２）ミヒャエル・ザトラー（出村彰訳）「神の子らの兄弟の一致（シュライトハイム信仰告白第２条）」（倉塚平他編『宗教改革急進派』ヨルダン社、１９７２年）177―178頁。
（３）Dennis D. Martin, "Monasticism." Global Anabaptist Mennonite Encyclopedia Online. 1987. Web. 22 Dec 2016. http://gameo.org/index.php?title=Monasticism&oldid=122564
（４）ジョルジョ・アガンベン（上村忠男・太田綾子訳）『いと高き貧しさ―修道院規則と生の形式』（みすず書房、２０１４年）110―114頁。
（５）Scott H. Hendrix, *Recultivating the Vineyard: The Reformation Agendas of Christianization* (Louisville KY 2004), 24.
（６）小田内隆『異端者たちの中世ヨーロッパ』（ＮＨＫブックス、２０１０年）198―207頁。
（７）杉崎泰一朗『１２世紀の修道院と社会』（原書房、１９９９年）129―41頁。
（８）Giles Constable, "Renewal and Reform in Religious Life: Concepts and Realities," in *Renaissance and Renewal in the Twelfth Century*, eds. Robert L. Benson and Giles Constable (Cambridge, MA 1982,

repr. Toronto 1999), 53-56.

（9）バーナード・マッギン（宮本陽子訳）『フィオーレのヨアキム―西欧思想と黙示的終末論』（平凡社、1997年）9—13頁。

（10）Malcolm Lambert, *Medieval Heresy: Popular Movements from the Gregorian Reform to the Reformation* (Oxford, 3rd edition, 2002), 208-11.

（11）Abraham Frisen, "Medieval Heretics or Forerunners of the Reformation: The Protestant Rewriting of the History of Medieval Heresy," in *The Devil, Heresy and Witchcraft in the Middle Ages: Essays in Honor of Jeffrey B. Russell*, ed. Alberto Ferreiro (Leiden 1998), 177-78.

（12）Thomas M. Izbicki, "The Reception of Marsilius," *A Companion to Marsilius of Padua*, eds. Gerson Moreno-Riaño and Cary Nederman (Leiden 2012), 319-36.

（13）小田内隆『異端者たちの中世ヨーロッパ』184—195頁。

（14）Kenneth Ronald Davis, *Anabaptism and Asceticism: A Study in Intellectual Origins* (Eugene OR 1974), 26-31.

（15）James D. Mixson, *Poverty's Proprietors: Ownership and Mortal Sin at the Origins of the Observant Movement* (Leiden 2009), 25-66.

（16）John Van Engen, *Sisters and Brothers of the Common Life: The Devotio Moderna and the World of the Later Middle Ages* (Philadelphia PA 2008), 11-44.

（17）James M. Stayer, "Swiss-South German Anabaptism, 1526-1540," in *A Companion to Anabaptism and Spiritualism, 1521-1700*, eds. John D. Roth and James M. Stayer (Leiden 2007), 89-92.

（18）Joel F. Harrington, *Reordering Marriage and Society in Reformation Germany* (Cambridge 1995), 48-84.

2

メディアのなかの再洗礼派

ミュンスターの再洗礼派王国驚異譚

栂香央里

「1534年の四旬節のときに、ヴェストファーレンの都市ミュンスターにおいて、みじめで永劫の罰に値する、耐え難い再洗礼派の集団が蜂起した。司教座聖堂、その他の教会は荒廃し、灰になり、根絶やしにされた。全てのキリストの秘蹟は汚され、儀式とミサは廃止された。書物、書状、印章は燃やされ、全ての「公序良俗」はひっくり返され、捨て去られた。無名の仕立屋がにせの国王に祭り上げられ、彼はシオンあるいは新エルサレムの国王と自称し、一般民衆に軍営を築かせ、ミュンスターの司教区とドイツ国民を支配するために、説教師を派遣した。(1)」

一般民衆へのメッセージ——木版画の重要性

ミュンスターでは1534年2月に再洗礼派が市の支配権を掌握した。この再洗礼派王国は一年半ほどで崩壊したが、その間に市内で実際に何が起きていたのかについて、当初より多くの回状と書物が発送され印刷されていた。その数から、同時代の人びとのミュンスターの事件に対する関心の高さがうかがえる。

一般民衆に向けては、ミュンスターの情報が「Neue Zeitung（新たな知らせ）」というパンフレットの形式で届けられていた。「Neue Zeitung」は現代における新聞の前形態にあたり（手書き新聞）、表紙には表題とともに木版画が描かれている。

図11は「Neue Zeitung」の表紙の一例だが、そこに付された表題『都市ミュンスターの包囲と征服の歴史』は、ミュンスターの出来事の経過と結末を端的に伝えている。冒頭に掲げた文章は、このパンフレットに書かれた内容だ。また、パンフレットの表題には、「wahrhaftiger」と書かれたものも多い（図12）。この言葉は「真実の」と直訳できるが、当時の「wahrhaftiger bericht」は「驚異譚」となる。この表現は、ミュンスターの再洗礼派に関する記事以外にも用いられていた。表題は、読者の関心を得るために、「新しいこと（Neue）」、あるいは「驚異の」報告であることが強調された。

図11　『包囲と征服の歴史』
（1535年出版）

図12　ヤン・ファン・ライデンが表紙のパンフレット（1535年出版）

活版印刷の普及により、当時の人びとは紙に印刷されたパンフレットや書籍に接する機会が増えた。それが宗教改革と結び付き、カトリックに対抗するプロテスタントの諸宗派は大量の宣伝ビラを流布し、人びとの支持を獲得していった。ミュンスターの再洗礼派に関するルター派とカトリックの神学者による書籍も刊行された。しかし、当時はまだ識字率が低く、文字の読めない人びとにとっては、木版画、讃美歌、説教が重要な情報伝達手段であった。

パンフレットの表紙の木版画には、ミュンスター再洗礼派王国のどのような場面が描かれたのだろうか。例えば、図12はヤン・ファン・ライデンの肖像画として広く流布していた。ここで彼は、「新エルサレムおよび全世界の国王」という称号で呼ばれている。金の冠の黒い帽子、首まわりに二重に巻かれた金のネックレス、黒ビロードのシャウベ（長上着）を身に付け、彼の脇には二本の金剣と十字架のついた金の地球儀が描かれている。「Etatis 26」とあるのは、彼が26歳のときの肖像画であることを意味する。横顔が描かれているが、当時このように描か

図13

図14

れるのは、国王のような高位の人物に限られていた。(2)

図13と図14には、国王の象徴である王冠を被ったヤン・ファン・ライデンの豪奢な生活ぶりが描かれている。図13では、王妃ディーバラとされる女性と向かい合い、右下に二人の女官が控えている。図14では、王妃とともに豪華な食器の置かれた食卓につき、左側に献酌侍従が仕えている。食器やグラスは全て金銀で作らせていたという。当時の貴族身分を象徴する飼い犬も描かれている。

図15は、ミュンスターの再洗礼派王国の最後を示す有名な木版画だ。ミュンスターのランベルティ教会の尖塔に三人の囚人が吊るされた檻が描かれている。三人は1536年1月22日に処刑された主導的

図 15　ミュンスターのランベルティ教会の囚人たち（1536 年出版）

人物、ヤン・ファン・ライデン、ベルント・クニッパードルリンク、ベルント・クレヒティンクだ。教会の尖塔の下には、市民と聖職者が一人ずつ描かれ、檻を指差して人びとに呼びかけている。彼らは、ミュンスターの再洗礼派が最後には処刑という報いを受けたことを伝え、同様な行いが再び起こることのないように人びとに警告した。[3]

強調されたテーマ――ミュンスターの包囲と征服

「Neue Zeitung」が報じるミュンスターの再洗礼派王国についての情報は、１５３４年秋から１５３５年６月の王国崩壊までの出来事にほぼ限定される。１５３４年秋とは、新たな指導者となったヤン・ファン・ライデンがダビデ王に即位した時期だ。彼はそれまでに、財産共有制を引き継ぐとともに、十二長老制を組織し、一夫多妻制を導入していた。それ以後包囲網が強化され、市内では激しい飢餓に見舞われたが、特に詳細に報じられたのは包囲攻撃の状況だった。まずミュンスターの司教は、

「それ以外の手段と方策がなかったので、ケルン大司教、ユーリヒ・クレーフェ公、その他何人かの諸侯たちの支援を受け、3月初めに都市を歩兵と騎馬兵による軍隊で包囲した。」（図11本文より）

1535年6月25日に、包囲軍は裏切り者に導かれ市内に侵攻した。図11の木版画はその時の様子を描いている。防備を固めた城壁の市門から市内へと騎馬隊が入城しているのが見える。そして、最もセンセーショナルな「シオンの山」（大聖堂前広場）での最後の戦いについて、パンフレットは以下のように伝える。

「小さな入り口は再び閉められ、吊り格子が下ろされたため、そこへやって来ようとした他のものたちは外に留まらねばならなかった。見張所とそこここの家々にいたミュンスターの人々は大聖堂の中庭に集まった。彼らは強く巨大な車陣、銃、その他の軍備で、中庭や全ての通りにおいて万全の備えをした。彼らは、開かれた入り口から援軍が来て都市内に侵入するまで、都市内の敵を厳しく攻め立て、逃走させようとした。」（図11本文より）

開かれた市門は再び閉じられ、緊迫した状況の中で再洗礼派の抵抗に立ち向かわなくてはならなかったが、最終的に包囲軍は勝利し、ミュンスターの再洗礼派王国は征服された。

その後の出来事、例えば、指導者たちの処刑、逃避したあるいは追放されていた市民たちの帰還についての情報は多くないが、再洗礼派王国崩壊後の光景は次のようだった。

「勝利された都市は恐ろしい有様であった。全ての通りに亡骸が横たわり、あらゆる場所で女性の叫び声が響き渡っていた。飢餓で亡くなった人が多くの家で横たわり、積み重なって埋葬されずにあった。豪華に飾り立てた教会は完全に壊され、壊された壁だけが残っていた。」（図11本文より）

再洗礼派王国のイメージ――ヤン・ファン・ライデンへの関心

「Neue Zeitung」で描写された再洗礼派は、読者に嫌悪の念を抱かせるものだった。聖画像破壊、財産共有制、一夫多妻婚、都市を離れた市民の悲惨な運命、深刻な飢餓などが伝えられた。特に強調されたのは、考えの異なる人に対する振る舞いの「残虐性（Grausamkeit）」だった。再洗礼の信仰を受け入れないひとは、剣で根絶されることになると脅かされ、公正でないひとを罰するためならば、このような暴力行使が正当化されたという。

その「残虐性」の代表格が国王ヤン・ファン・ライデンだろう。彼が都市を離れようとした女性を処刑したこと、彼の従者の一人が国王の教えは詐欺であると流布させたため、その従者を大聖堂中庭で処刑したことなどが報じられている。国王に異議を唱えてはならず、時には死をもって罪を償わねばならなかった。また、図13と図14の木版画に見たように、国王と彼の廷臣たちは、市内の食糧が尽き住民が飢えていた時に、依然として豪奢な生活をしていたと伝えられた。

「Neue Zeitung」では、ヤン・ファン・ライデンについて多くの描写がなされているが、その他の主要な人物、説教師ベルンハルト・ロートマン、ヘンリク・ロル、処刑され尖塔に吊るされた既述のベルント・クニッパードルリンク、ベルント・クレヒティンクらについては、名前のみが挙げられているに過ぎない。また、最初の指導者であり、1534年の復活祭に終末の到来を確信し、敵陣に突撃して殺害されたヤン・マティスについても描かれていない。

再洗礼派に対するこれらの批判的な記述から推測できるが、パンフレットの著者の多くは司教側（カトリック）だった。彼らにとって再洗礼派とは、「みじめで永劫の罪に値する、耐え難い集団」（冒頭引用文）であり、再洗礼派が蜂起し支配権を掌握するならば、無名の仕立屋が国王となったように、既存の秩序は完全に破壊されてしまうのだった。特にヤン・ファン・ライデンについては、宮廷生活やハーレムでの特異な振る舞いを際立たせ、詐欺師として描き出された。

パンフレットの目的は、再洗礼派の支配が続いた際の未来の可能性を読者に伝え、警告することにあった。当時、勢いを増していたオスマン帝国の脅威が引き合いに出されることもあった。再洗礼派王国征服後は、もはやそのような注意喚起の必要はなくなり、パンフレットも刊行されなくなったが、ミュンスターの再洗礼派、およびヤン・ファン・ライデンの批判像は後の世代へと引き継がれ、神話化されていくことになった。

（1）Günter Vogler, “Das Täuferreich zu Münster im Spiegel der Flugschriften,” in *Flugschriften als Massenmedium der Reformationszeit*, ed. H-J., Köhler (Stuttgart 1981), 319. その他引用文は320-322を参照。

（2）ヤン・ファン・ライデンの図像について、以下も参照。Wolfgang Harms and Michael Schilling (eds.), *Deutsche illustrierte Flugblätter des 16. und 17. Jahrhunderts* (Tübingen 1997) VI, 15 (Vom handel vor Münster in Westphalen).

（3）ミュンスターの再洗礼派の人びとの様子について、以下も参照。Luckhardt Jochen and A. Lorenz, *Heinrich Aldegrever und die Bildnisse der Wiedertäufer, Ausstellungskatalog* (Münster 1985), 121f., Nr.42

3

緩やかに根づくネットワーク

再洗礼派運動と都市

高津秀之

「1565年、7月30日か31日の土曜日、コッテンハイム出身の説教師にして洗礼者のマティアス・ゼルファーエス、麻織工ヘルマン・フォン・ダーフェルカウゼン、ブリュッセル出身のゴブラン織工ヨースト・ボーターナップという3人の再洗礼派が、彼らの頑固さのため、そして法に反して夜間に秘密集会を開催したため、（中略）皇帝陛下の勅令に反して繰り返し洗礼を行ったため、またかたくなに彼らの異端信仰と再洗礼に固執し、過ちを捨てず、敬虔な忠告にも耳を傾けなかったために、慣習に従い、クニベルト塔からグラーフのもとに移送され、刑吏の手に委ねられた。[1]」

マティアス・ゼルファーエスの殉教[2]

ドイツの大都市ケルンで、この3人の再洗礼派の処刑と殉教は起こった。マティアス・ゼルファーエスはその1人だった。

　１５３６年、コブレンツ近郊に生まれたゼルファーエスは、１５５５年頃、アンダーナハでライン地方の再洗礼派の指導者、ゼーリス・ヤーコプスから成人洗礼を受けた。彼の素朴な人柄はすぐに信者たちの間に共感と尊敬の念を引き起こし、彼はやがて再洗礼派の説教師に任じられた。そして、ユーリヒ出身の仲間ハインリッヒ・フォン・クルフトとともに下ライン地方の街や村をめぐり、信者たちに洗礼を授け、指導した。

　１５６５年、ゼルファーエスはケルンに到着した。当時、ケルンの再洗礼派は危機的な状況にあり、ゼルフェーエスは彼らを励まし援助するためにやってきた。6月22日夜、聖ゼヴェリン教区にあるぶどう園内の圧搾場で彼らが集会を行っているところに都市の警吏が踏込み、ゼルファーエスは居合わせた再洗礼派56人もろとも捕えられた。彼は尋問に対しても口を割らず、獄中では、カトリックへの復帰を勧める神学者ゲオルグ・カッサンダーと論議し、大きな感銘を与えた。

　一ヶ月あまりの牢獄生活の後、ゼルファーエスは処刑された。ゼルファーエスと仲間は都市の塔にあった牢獄から引き出され、ケルン大司教、正確にはその裁判権の代理人職であるグラーフと刑吏のもとに移送された。ケルンの市参事会には犯罪者を処刑する特権が認められていなかったからだ。大勢の人々が見守るなか、城壁近くの処刑場でゼルファーエスは斬首された（図16）。彼の生涯と死は『アウスブント』に収められた讃美歌（第24番）にも歌われている。

図16　ゼルファーエスの殉教。ヤン・ルイケン『殉教者の鑑』挿絵より。

聖なる都の再洗礼派

ケルンはヨーロッパ有数の大都市、経済と文化の中心地だ。[3] ライン川というヨーロッパの南北を結ぶ交通の大動脈に面したこの街はハンザ同盟の一員でもあり、古くからワイン交易と毛織物産業で栄えた。皇帝直属の帝国都市として広範な自治を享受し、多くの教会と修道院を抱えて、「聖なるケルン」とも呼ばれた（図17）。13世紀に建設がはじまった有名な大聖堂は16世紀になっても未完成のままに取り残されていたが、それでも迫力十分だった。多くの巡礼者たちが大聖堂に安置された聖遺物の東方三博士の頭蓋骨を一目見ようとやってきた。このような伝統的なキリスト教との深い関係が、そ

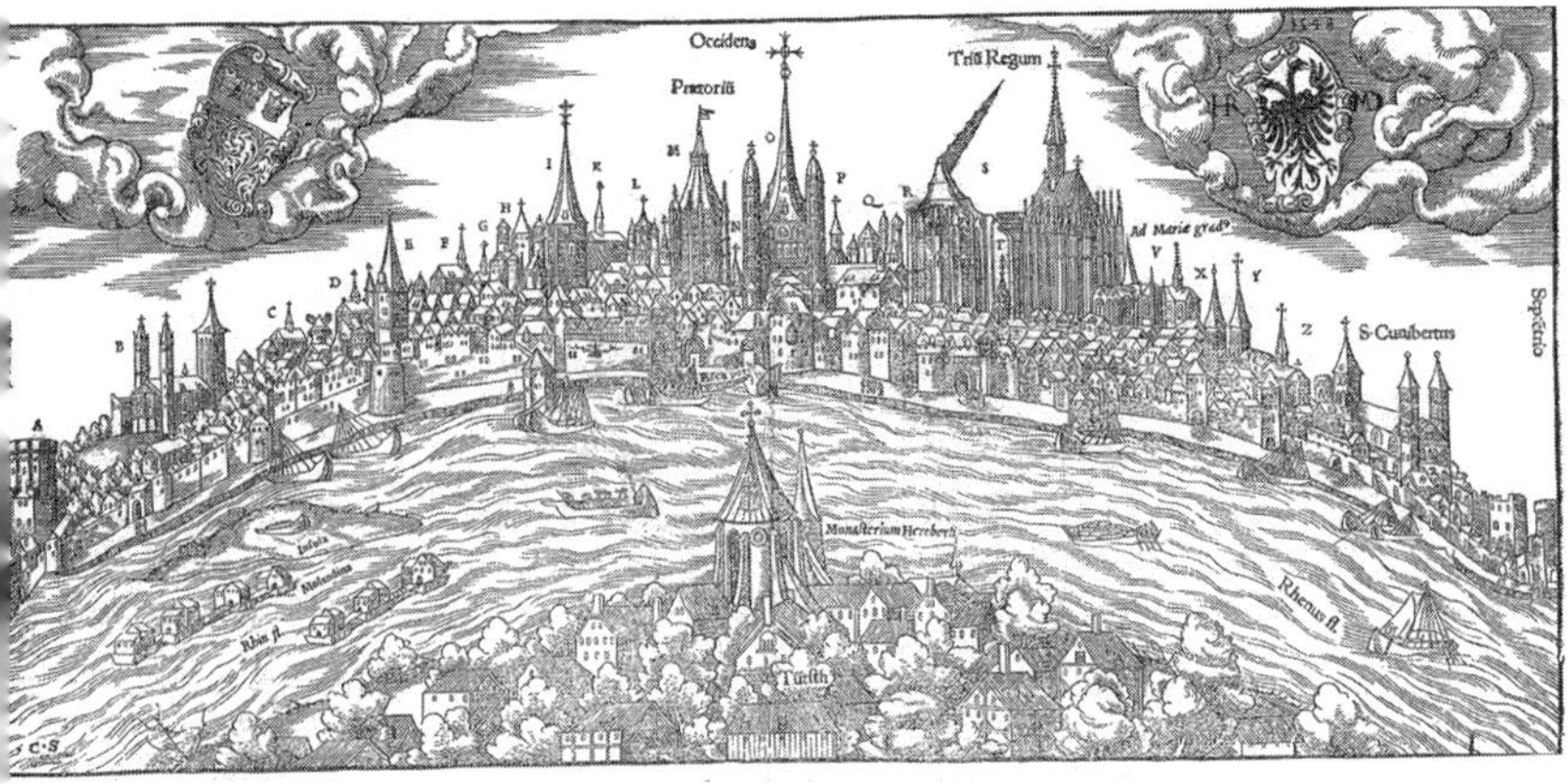

図17　ケルンの都市図

の他の多くの帝国都市と異なってケルンが宗教改革の後もカトリック信仰にとどまり、宗教改革を公認しなかった原因の一つだったのだろう。

ケルンは中世以来、異端的、民衆的な宗教運動の中心地でもあった。ベギン会、自由心霊派兄弟団などがこの都市を拠点に活動した。宗教改革期にカトリックにとどまったとはいえ、市参事会は長らくプロテスタントの取締りに消極的だった。宗教弾圧が外来商人との交易を妨げ、経済的利益を損なうことを懸念したのだろう。また、都市の宗教政策を推進すべき参事会員や市長の中にはルネサンス人文主義の信奉者たちがいたが、カトリック擁護の建前に反して彼らはしばしば宗教改革に密かな共感を抱いていた。こうした状況のもとで、低地地方出身のカルヴァン派を中心とする多くの信仰避難民がケルンを目指すことになる。かつて異端の温床だったカトリックの聖なる都は、プロテスタントの避難場所ともなったのだ。

１５３０年代にはすでにケルンに再洗礼派運動が定着していた。(4) １５３１年8月24日、ケルン大司教が市参事会に書簡を送り、市内の再洗礼派について警告している。ケルン生まれのゲルハルト・ヴェスターブルクは、初期のケルン再洗礼派運動を代表する指導者だ。「煉獄博士」と呼ばれた彼は、１５３４年に動乱のミュンスターを訪れ、市長クニッパードルリンクの家で洗礼を受けた。その後は弟のアーノルトとともに故郷で多くの人々に洗礼を授けたという。メノー・シモンズも１５４４年から46年までケルンに滞在している。

ケルンでは４人の長老が再洗礼派の集会を監督し、説教師を任命した。貧者の世話や新加入者の受け入れなどは執事の役目だった。裏切りを恐れて、洗礼の際には細心の注意が払われ、繰り返し集会に参加する者のみが正式な仲間として認められた。「教皇派」をはじめとする再洗礼派以外のキリスト教徒と交際していた者は、仲間全員の前で告白をしなくてはならなかった。

16世紀後半以降、カトリックとプロテスタントの勢力争いが激化する。当初はどっちつかずの立場を取っていたケルンも旗色を鮮明にすることを余儀なくされた。それにともなって市参事会はプロテスタントの取締りを強化する。すでに、特にミュンスターの「再洗礼派王国」事件以降、支配者たちに警戒されていた再洗礼派もその標的となった。１５６５年の再洗礼派逮捕とゼルファァーエス処刑は、こうしたケルン市参事会の宗教政策の大転換を背景として起こった。

この事件後もケルンの再洗礼派は命脈を保っていた。市参事会が最後に再洗礼派取締りの条令を公布したのは１６１８年だったが、これ以降ケルンの再洗礼派運動は少なくとも政治問題とならない程度にまで衰退したと考えられる。しかしその前年にも再洗礼派の20才の女性が逮捕されており、ゼルファーエスの逮捕後も半世紀もの間彼らが活動を続けていたことを示している。また１５９１年には、オランダと南ドイツの再洗礼派の代表者15名がケルンに集合し、協議までしている。対立していた彼らはここで兄弟として、教会訓練などをめぐる争点について話し合い、成果を「ケルン決議」にまとめたのだった。

ケルンの再洗礼派ネットワーク

弾圧が強まる中でケルンの再洗礼派運動が存続できた原因は何だろうか。例えば、ある集団が存続した原因として見なされることの多いものとして、仲間の強固な結束、皆が共有する統一的な理念、強固な組織構造などがある。しかしこれらはケルンの再洗礼派には欠けていた。むしろ彼らは緩やかな組織のもと、様々な信仰体験を経た人々同士で、密接というよりは広く浅く関係を築いていたようだ。

ゼルファーエスとともに逮捕された再洗礼派の人々も、都市の牢獄で取り調べを受けた。その尋問記録から彼ら個々人の出身地や経歴、仲間との関係が分かる。彼らの一部はケルンの住民だったが、市内の再洗礼派の分布には偏りがあった。当時は同業者同士が近所に住んでいたので、彼らの仕事上の付き合いが再洗礼派の集団形成に大きな役割を果たしただろう。しかし、少なからぬ参加者が市外からも訪れていたのだ。彼らの多くは都市近郊、ユーリヒ・ベルク公領やケルン大司教領の臣民であり、中にはボンやドルトムント、ノイスなどの都市の住民もいた。

そうした人々と再洗礼主義との出会いの場も様々だった。ケルンの対岸にある街ドイツやアーヘン、コブレンツ、さらにはルクセンブルクやブリュッセルで洗礼を受けた者もいる。また彼らは逮捕劇の現場となったぶとう園で開かれる集会だけに参加していたのでもなかった。ケルン近郊のメラーテンの集会に参加していた者もいれば、さらに遠くヴェストファーレン地方の集会に参加した者もいる。ケルン市内でもぶどう園以外の場所での集会に参加したとの証言もある。再洗礼派たちはケルン以外の場所で洗礼を受けていただけでなく、ケルン市内の異なる場所、市外の街や村に移動し、複数の集会に参加していたのだ。

広範囲に居住し、出身地もまちまちで、特定の帰属先もなく移動を繰り返す彼らはどのように交流していたのだろうか。彼らは流動的で、ときにはその場限りのネットワークを結んだ。顔も知らない人物が仲間からの伝言を携えてやってきた。信仰を共有する以外に接点のない者同士が口頭であるいは書状で連絡を取り合った。彼らは移動する度に広くて浅いネットワークを拡大していった。

ケルンの再洗礼派ネットワークは、ローマやヴィッテンベルク、ジュネーヴのような特権的な中心を持たない。またルターやカルヴァンのような偉大な改革者を頂点に構築された垂直的なものでもなく水平的だ。そして不特定多数の人々の間で広く緩やかに拡大していく。こうしたネットワークは持続性、強度に乏しく、ちょっとした衝撃で損なわれてしまうが、切られても叩かれても何度でも再生可能な柔軟性に富んだネットワークでもあった。それこそがケルンの再洗礼派運動を長期にわたって存続させたのだ。

都市の再洗礼派と「旅する教会」

移動する仲間たちの間で結ばれた広く柔軟な信仰ネットワーク。この再洗礼派ネットワークの結節点がケルンのような都市であったとしても不思議ではない。大勢の人の往来の中で広がっていく、広くて浅い人間関係は今も昔も都市に形成されやすいものだ。こうしたネットワークからうかがえる再洗礼派の姿は、例えば現在のアーミシュに代表されるような、人里離れた農村に築かれた濃密な共同意識に基づく閉鎖的な信仰集団というイメージとは異なる。都市という場、そしてそこで形成されたより開かれた緩やかな人間関係も、当時の再洗礼派運動に欠かせないものだったのだ。

再洗礼派運動を支えたもう一つの大きな要因がある。それはゼルファーエスのような説教師だ。方々を旅し、生命を捨てての危険の中に飛び込み、仲間たちの信仰を支えた説教者たちがいなければ、都市に築かれた再洗礼派のネットワークはすぐに雲散霧消してしまったに違いない。

ケルンの再洗礼派のあり方はこの後の再洗礼派運動の歴史を予感させるものだ。宗教戦争の時代のノアの方舟ともいうべき「旅する教会」は、放浪する説教師の指導のもと、広大かつ柔軟な信者たちのネットワークに支えられて、幾多の迫害と困難を乗り越え、終には新大陸にまで達するだろう。この旅路を切り拓くのは、農村の再洗礼派とともに、あるいはもしかしたらそれ以上に、ケルンのような都市の再洗礼派の姿を受け継ぐ者たちなのだ。

（1）ケルンの訊問記録『塔の書』（"Turmbuch"）からの抜粋。Otto Hege, "Matthias Servaes von Ottenheim (1536-1565)." Global Anabaptist Mennonite Encyclopedia Online. 1957. Web. 22 Dec 2016. http://gameo.org/index.php?title=Matthias_Servaes_von_Ottenheim_(1536-1565)&oldid=141396

（2）ゼルファーエスの生涯については、主として Otto Hege, "Matthias Servaes von Ottenheim (1536-1565)." を参照した。

（3）近世都市ケルンの宗教と社会については、以下の文献を参照。Franz Bosbach, "Die katholische Reform in der Stadt Köln," in *Römische Quartalschrift* 84 (1989), 120-159; 高津秀之「近世都市ケルンの

参事会と『にせ巡礼』――カトリック都市の慈善と浮浪規制」（森田安一編『宗教改革の連携と断絶』教文館　２００９年）253―270頁。

（4）以下のケルンにおける再洗礼派の活動とネットワークについては、主に以下の文献を参照した。Mathilde Monge, "Überleben durch Vernetzung : Die täuferischen Gruppen in Köln und am Niederrhein im 16. Jahrhundert," in *Grenzen des Täufertums. Neue Forschungen: Beiträge der Konferenz in Göttingen vom* 23. - 27.08. 2006, eds. Anselm Schubert u. a. (Heidelberg, Gütersloher 2009), 214-231; Hans H. Th. Stiasny, *Die Strafrechtliche Verfolgung der Täufer in der freien Reichsstadt Köln*, (Münster 1962).

4　イタリアのラディカルたち
カトリックの牙城での宗教改革

高津美和

「キアヴェンナで、オキーノは侯爵夫人宛の書簡に記したのと同じ言葉を繰り返していた。すなわち、これまでは仮面をつけてキリストについて説教をしてきたが、これからは仮面なしで説教をするだろう、と。(1)」

イタリアと宗教改革――ベルナルディーノ・オキーノの亡命

この印象的な言葉は、１５４２年10月12日、教皇使節ファビオ・ミニャネッリが報告書の中でベルナルディーノ・オキーノがキアヴェンナで説教を行ったことに触れて記したものだ。

オキーノは、１４８７年にシエナに生まれ、１５０４年にフランチェスコ会厳修派に入会したが、その後、さらなる会則の厳守を目指して設立されたカプチン会に移り、１５３８年に同会の総会長に就任した人物だ。ちなみにこの「侯爵夫人」とは、ミケランジェロとの親交でも有名な女流詩人のペスカーラ侯爵夫人ヴィットリア・コロンナだ。オキーノは彼女の後援を受けながら修道会の運営に携わりつつ、人気説教師としてイタリア各地で精力的に説教活動を行った。(2)

ドイツやスイスとは異なり、カトリック以外の信仰が公認されることのなかったイタリアにおいても、宗教改革の影響は人の移動や書籍などの経路を通じて波及した。１５３０年代から40年代にかけて、イタリアにおける宗教改革思想の拡大に大きな貢献を果たしたのは、スペイン出身の思想家ファン・デ・バルデスだ。１５３１年にスペインの異端審問所の追及を逃れてローマにたどり着いたバルデスは、その後ナポリに移り、一種の知識人サークルを主宰し、イタリア各地から多くの参加者を集めた。バルデス自身はエラスムスの思想的影響を強く受け、個人の内面的な刷新の重要性を主張したものの、カトリック教会の権威を否定するまでには至らなかった。しかし彼のサークルの参加者たちの中には、そこで紹介されたルターやカルヴァンなどの著作に関心を寄せ、自らの宗教思想を急進化させる者も現れた。(3)

オキーノは１５３６年頃にナポリを訪れ、バルデスのサークルに参加して、アルプス以北の宗教改革者たちの著作や思想に接した。この後次第に彼の説教の内容は変質し、宗教改革思想の影響が疑われるようになっていった。彼が１５３９年にナポリで行った説教は、善行の価値を否定しているとしてテアティーノ会士から非難された。そして１５４２年7月、ついに教皇庁は彼をローマに召喚した。彼がローマに召喚された背景には、この頃、イタリアにおける異端取締が厳しくなってきたという事情があった。

オキーノは召喚に応じるべきかどうか逡巡した末に、1542年夏に亡命を決意し、アルプスを越えた。彼の亡命は多くの人々にはかり知れない衝撃を与えた。彼はキアヴェンナを後にすると、チューリヒを経て、目的地であるジュネーヴへと向かった。今や彼は、「仮面をつけて」、すなわちカトリックの信仰から逸脱しないように配慮しながら自分の信仰について語るという束縛から脱し、「仮面なし」で自由に語ることができた。しかし彼の信仰は当地の宗教指導者ジャン・カルヴァンに受け入れられず、彼はジュネーヴを去ることを余儀なくされた。彼はその後も一カ所に定住できず、各地で衝突を繰り返しながら、アウクスブルク、バーゼル、イングランド、ポーランドなどを転々として、最終的にモラヴィアで死去した。

図18　ベルナルディーノ・オキーノ

オキーノはイタリアを離れた後も故国のことを忘れたわけではなかった。1542年10月にジュネーヴで出版された彼の『説教集』の序文には、「もはやイタリアに対して生の声で説教することはできないので、多くの人に共有されるように、俗語で書くことにしよう」[4]と記されている。その言葉通り、彼は教皇への批判を展開した『アンチキリストのイメージ』（１５４２年）をはじめとする著作を執筆した。それらはイタリアでもひそかに流布し続けた。

イタリアの再洗礼派――ピエトロ・マネルフィの告発

オキーノの説教や著作を通じてアルプス以北の宗教思想を知り、北イタリアで再洗礼派運動を展開した一人が、ピエトロ・マネルフィだ。[5] １５１９年にマルケのセニガッリアで生まれたマネルフィはカトリックの司祭だったが、宗教改革思想に傾倒するにつれてその務めを捨て、１５４０年代後半からヴェネト周辺を遍歴しながら、同様の宗教思想を持つ人々と交流した。そして１５４９年にマネルフィは「ティツィアーノ」と呼ばれる人物と出会い、彼から再洗礼を受けた。グラウビュンデンでも活動したティツィアーノは、再洗礼主義および反三位一体論などの急進的な思想が問題視されて同地を追放されると、イタリアに帰還し、とくにヴェネト周辺で積極的な説教活動を行った。

北イタリアにおいて再洗礼主義の教えを奉ずる集団が増えるにつれ、次第に彼らの間で神学上の諸問題をめぐる解釈の相違が生じた。１５５０年9月、こうした問題を議論するため、ヴェネツィアで各集団の代表者を招集した秘密会議が開催された。イタリア各地から約60名が集まり、40日にわたって討論が重ねられ、いくつかの問題について合意が形成された。たとえば、

「イエスは神ではなく、特別な人間であった」「天使、悪魔、地獄は存在しない」「邪悪な魂は肉体と共に滅ぶ」「選ばれた者の魂は、死後、最後の審判の日まで眠る」などだ。会議の最後には、これらの合意を各地のメンバーに伝える役割が数名の者に課された。マネルフィはその一人として、ヴィチェンツァ、パドヴァ、トレヴィーゾなど北イタリアの諸都市を訪れた。

１５５１年10月、ヴェローナにいたマネルフィは突然、ローマ・カトリック教会に戻ることを決意し、ボローニャの異端審問所に出頭した。そして、同月17日に最初の証言を行い、彼の再洗礼主義への帰依や、前年にヴェネツィアで開催された会議について供述した。事態を重く見たボローニャ当局は彼をローマに移送し、彼は11月12日から14日にかけて3回の証言を行った。その中で彼は、ティツィアーノをはじめとする多数の再洗礼派のメンバーの名前を挙げただけでなく、彼らの教義を布教する方法についても述べた。たとえば１５４９年に、彼はベネデットというメンバーと共に、ヴェネツィアの獄吏を買収して、ルター派の囚人に再洗礼を授けた。また、捕えられたメンバーの逃亡に手を貸すこともあったという。マネルフィの証言から、彼らがよく組織された地下のネットワークやコミュニケーションのシステムを持っていたことが判明する。

その後のマネルフィの運命については不明だ。しかし、彼の告発を受けてローマの異端審問所は迅速に行動した。１５５１年12月には、彼が列挙した人々を捕える命令が各地で出された。多くの人々が自らの信仰を隠し通すか、さもなくば国外亡命を強いられた。マネルフィの告発は、北イタリアでひそかに広まっていた再洗礼派運動を露見させ、崩壊に導いた。

イタリアからヨーロッパへ――ファウスト・ソッツィーニの寛容思想

1555年、ローマ異端審問所の長官も務めたジャン・ピエトロ・カラーファ枢機卿がパウルス4世として教皇に就任すると、イタリアでの異端取締はさらに厳しさを増し、カトリックの信仰から逸脱したイタリアの異端者たちは、国外に活動の場を求めた。

ファウスト・ソッツィーニは、1539年にシエナで代々法律家を輩出する家門に生まれた。(6) 彼の一族には異端審問所が警戒する者も多かったが、その中でもとくに有名なのが叔父のレリオである。彼はパドヴァ大学で法律を学んでいたが、やがて神学に関心を持つようになった。そして聖書研究のためにヘブライ語の習得を希望して、1547年夏にはバーゼル大学に在籍した。その後彼は、ジュネーヴ、ヴィッテンベルクを経てチューリヒへ向かい、1562年5月14日に同地で死去した。

ソッツィーニはこの叔父の死後、彼の遺稿を引き取りに行ったが、すぐにイタリアに帰国した。1553年10月にジュネーヴで、スペイン人の医師ミカエル・セルヴェトゥスが反三位一体論を主張したためにカルヴァンによって告発され処刑された後、レリオは反三位一体論に関心を持っていた。ソッツィーニは叔父の遺稿を研究することによってこの関心を受け継いだものと思われるが、彼自身はしばらくイタリアに留まって、「ニコデモ的」な態度を取り続け、異端審問所の追及を逃れた（新約聖書に登場するファリサイ派のニコデモは、人目を避けて夜ひそかにイエスの許を訪ねた。このエピソードに因んで、内心の信仰を偽り、表面的にはカトリックの典礼に従う人々は「ニコデモの徒」と呼ばれた）。そして、１５７５年に知人に宛てた書簡によると「聖書研究に打ち込むため」、突如イタリアを離れ、叔父と同様にバーゼルを訪れた。バーゼル滞在中に彼は著作を執筆したが印刷されず、それらはポーランドで出版された。彼は１５７９年にポーランドに赴き、１６０４年に死去するまで同国を中心に活動した。

１６０５年にポーランドの都市ラカウで作成された『教理問答書』には、ソッツィーニの思想的影響を見て取ることができるとされる。「この教理問答書を編むことによって、われわれは何ぴとにも命令するものではない。われわれの意見を表明することによって何ぴとをも抑圧するものではない。各人は、われわれもまた危害や侮辱をうけずに神聖な事柄についてのわれわれの意見を表明することが許されるという条件で、宗教問題に対する彼の判断を自由に表明するがよい」。[7]ソッツィーニは、キリスト者はいかなる場合も剣に訴えてはならない、けっして人の生命を奪ってはならない、と平和主義を訴えた。また、自らと異なる信仰を排斥することのない、非ドグマ的な態度を取ったことが知られている。

このようにイタリアでは、宗教改革の影響を受けて様々な異端者たちが現れた。ここで取り上げた３名は、そのほんの一部にすぎない。そして彼らの中からは、ソッツィーニのように、イタリアにとどまらず、ヨーロッパ各地に広がる寛容思想へと合流してゆく者も現れた。

（1）B. Nicolini, *Studi cinquecenteschi* 2, (Bologna 1968-74), 69.

（2）ベルナルディーノ・オキーノについて、K. Benrath, *Bernardino Ochino of Siena: a contribution towards the history of the Reformation*, translated by H. Zimmern, (New York 1877); R. H. Bainton, *Bernardino Ochino: esule e riformatore senese del cinquecento* 1487-1563, (Firenze 1941) を参照。

（3）イタリアと宗教改革に関する総括的な研究として、S. Caponetto, *La riforma protestante nell'Italia del cinquecento*, (Torino 1992); M. Firpo, *Riforma protestante ed eresie nell'Italia del Cinquecento: un profilo storico*, (Roma 1993) を参照。

（4）B. Ochino, *I "Dialogi sette" e altri scritti del tempo della fuga*, a cura di U. Rozzo, (Torino 1985), 128.

（5）ピエトロ・マネルフィについて、C. Ginzburg, *I costituti di don Pietro Manelfi*, (Firenze-Chicago 1970) を参照。

（6）ファウスト・ソッツィーニについて、*Dizionario storico dell'Inquisizione*, diretto da A. Prosperi, (Pisa 2010), 1466-1467 を参照。

（7）H・カメン（成瀬治訳）『寛容思想の系譜』（平凡社、１９７０年）166頁。

5 信仰者のバプテスマのみを認める
再洗礼派とバプテストの出会い

津田真奈美

「原罪はない。むしろすべての罪は現実的で自発的である。すなわち罪とは神の律法に逆らう言葉、行動、または心の思いである。したがって、幼児は罪をもたない。」（第5条）(1)

混同されてきた「バプテスト」

幼児洗礼を否定し自覚的信仰告白に基づく洗礼を授けるという点で、再洗礼派とバプテスト派が同一視され混同された時期は長かった。近年ではようやく別の集団として認識されるようになった。しかしだからといって、両者が相互にまったく影響を受けなかったということにはならない。それはなお議論され研究されるべき課題だ。本章はその一例として、バプテストの創成期に焦点を当てる。彼らはメノー派、とりわけワーテルラント派と深い関わりがあった。

忌むべき異端者

「反聖書的」で「野蛮」――これが16世紀末イギリスでの再洗礼派に対する評価だった。イギリス国教会の一聖職者ジョン・スマイスも、反再洗礼派の立場を支持していた。再洗礼派は、処女マリアの肉（人間性）をキリストが摂取しなかったと主張し、主の晩餐を毎週守らないという噂のゆえに非難されていた。特に、国王の合法性否定、宣誓の合法性否定、公職（行政、軍務）従事拒否という再洗礼派の立場は、当時のイギリス国教会体制の中で到底受容しえないものであり、忌むべき異端者だった。国教会改革を目指すピューリタンも同様に再洗礼派を異端視していた。

また、ミュンスターの事件の経緯が伝わってからというもの、再洗礼派はイギリス国内でも処刑の対象だった。スマイスも、１５３５年、１５７５年に行われた再洗礼派の火刑やヨーロッパ諸国で行われた再洗礼派に対する裁判の記録を直接見聞きしていた。

幼児洗礼への懐疑[2]

スマイスは、１５８６年3月、ケンブリッジ大学のクライスト・カレッジに給付奨学生として入学、そこでフランシス・ジョンソンのもとで神学を学んだ。しかし間もなく、ジョンソンはピューリタンから分離主義に傾倒し、ついには大学から追放されてしまう。スマイスはその後、大学院の助手、また国教会の講師、説教者として活躍するが、ジョンソンの影響でピューリタンに、そしてその後分離主義に傾倒し、彼もまた大学と聖職を追われることとなった。スマイスは迫害を逃れながら仲間を集め（彼のもとには約70人の会衆が集まった）、秘密集会を行うようになった。スマイスの右腕的存在、トマス・ヘルウィスもその会衆の一人だった。

ピューリタンへの迫害は、ジェームズ1世即位後、１６０４年のハンプトン・コート会議を皮切りに厳しさを増していた。それにともない、１６０８年頃からは分離主義者たちが国教会からの迫害を逃れてオランダへと亡命していくようになった。スマイスの師であるジョンソンも先にオランダに亡命し、自らを「古代教会」と称していた。スマイスとその会衆もそれに続いて亡命した。しかしオランダに着いて早々、スマイスらはジョンソンらと礼拝で使用する聖書の訳の問題と、かねてより疑問視をしていた幼児洗礼をめぐって神学的議論に発展し、両者は決別してしまった。

この論争の後、スマイスは「真の教会」になるためにもっぱら祈りと聖書研究、とりわけ初期の教父文書の研究に力を注いで、明確に幼児洗礼を否定し、「信仰者のバプテスマ（洗礼）」の教理を確信するに至った。[3]

スマイスは、ただ罪を告白し信仰を言い表した人々のみが洗礼に与るのであって、幼児が洗礼を受けたというのは新約聖書に見いだせない、またキリストの命令はまず弟子としてから洗礼を授けることであって、幼児は教会の教理を理解できないので弟子にはならないという根拠

図19　ヤン・ムンターのパン工場スケッチ

で幼児洗礼を批判した。このような考えは、再洗礼派をはじめとする他の幼児洗礼を否定する人々の中にも存在した。しかし、スマイスは冒頭にあげた彼の『信仰告白』にも表れているように、幼児は清いゆえに罪（原罪）はなく、したがって悔い改めることもないので洗礼は必要ないと語った。また、幼児は意識的に罪を犯しえず、また自分の思考や自発的行為を認識しえないため、悪魔的扇動に誘惑されることもないとしている（のちにヘルウィスはこれに対し、原罪を肯定し、人は生まれながらに罪人であると反論した）。(4)

「自己洗礼」

スマイスにとって、現在の自分たちの会衆はもはや「真の教会」でなくなってしまった。「……（真の教会と洗礼を）回復させねばならないならば、……二、三人、（キリストの名において）共に集い、教会を形成することができる」[5]として、彼自身の率いる40人ほどの会衆を一度解散し、その上で彼らに対して「本当の洗礼」を受けるように説得した。それからスマイスはまず自らに水をかけ、「自己洗礼（se-baptism）」を行ってから、全員に「（再）洗礼」を授け、自分たちの集団を「アムステルダム第二教会」と称した。

スマイスがこの前例のない「自己洗礼」を行ったのは、「われわれが良心的に参加し、洗礼を受けることができる教会は存在しなかった」[6]ためとしている。オランダ在住のかつて決別した分離主義者たちは、忌むべき幼児洗礼を行っていたため、もちろん洗礼を依頼できなかったのだ。スマイスは、会衆の中で社会的指導能力のあるヘルウィスが皆に洗礼を授けるようにも提案したが、ヘルウィスは霊的指導者であるスマイスが行うべきであると言ってゆずらなかった。かといってスマイスは、すでに幼児洗礼を否定していたオランダの再洗礼派たちに洗礼を依頼することもなかった。再洗礼派は、スマイスにとってこの時点でも依然として忌むべき異端者だったのだ。しかし、やがてスマイスはこの忌むべき存在だった再洗礼派に急接近していくことになる。

真の「新約的教会」へ

ジョンソンとの決別によって異国で頼る者をなくしたスマイスらだったが、ワーテルラント派の信徒でパン工場を営んでいたヤン・ムンターの好意を得、工場の一室を住居兼礼拝堂として借りることができた。彼らはまた、ムンターを介してワーテルラント派の指導者であるハンス・ド・リースやルベルト・ヘリッツと交流を始めた。

このド・リースらとの交流を経て、スマイスは再洗礼派への偏見を修正した。それだけでなくスマイスは、ワーテルラント派は神学的対話をはかるに値し、この交流が自身の教会にとって益となると判断した。スマイスらはオランダ語ができなかったので、ワーテルラント派の通訳を介すか、さもなくばラテン語で会話するほかなかったが、それでも自ら進んでド・リースらと交流を持ったという。

その背景には、スマイスの「後悔」があった。スマイスは、聖書中に自らに洗礼を授けた人物がいないという事実に恐れを抱いていた。「自己洗礼」は「使徒継承」に矛盾し、「自己洗礼」を基とする教会は聖書の示す正しい教会の在り方ではないと考えるようになっていたのだ。さらに、ワーテルラント派との親交が深まるにつれ、彼らこそが自らの聖書研究によって構想していた「新約聖書の教会（新約聖書の示す教会のあるべき姿）」と確信するようにもなっていった。

そこで1609年、スマイスは『信仰告白』と自身の著作を添えて、ワーテルラント派に合併を申し入れることにした。しかしヘルウィスをはじめとする数名はその合併に異を唱え、『信仰概要』を添えてワーテルラント派に合併を承認しないよう抗議した。個人的にスマイスらと繋がりのあったド・リースらはスマイスの申し入れを受け入れようと内心考えていたが、他の教会員の同意、またそれ以上にメノー派全体の同意を得る必要があったため協議を行うことにした。そこでド・リースはスマイスに、『信仰告白』だけでは彼の神学を十分に理解しえないため、彼らの標準的な信仰告白である『ワーテルラント派信仰告白』を簡略化した英語版を用意し、ワーテルラント派神学に対するさらなる理解を求めた。そしてメノー派に対しては、オランダ語に訳したスマイスの著作序文を送り、合併の可能性を考えてくれるよう依頼した。スマイスは再び彼の会衆を説得し、大多数（反対者のヘルウィスらを除く）がワーテルラント派の提案した信仰告白に署名した。

しかしその署名も空しく、メノー派側の出した答えは否だった。スマイスの著作は危険視され、スマイスらとの合併が後々メノー派内部の分裂を誘引するかもしれないと危惧されたのだ。ド・リースらはやむなくスマイスに合併の無期延期を告げた。それでもスマイスはワーテルラント派との合併をあきらめず、その後何度も協議を重ね、100カ条にも及ぶ『命題と結論』という信仰告白を書き始めた。しかし合併受諾の回答を待つ間に、スマイスは肺炎を患い、1612年8月末に急逝した。その後、『命題と結論』は遺された彼の会衆に引き継がれ、合併に向けた協議のために何度も書き改められ、ついに1615年1月20日、彼らはワーテルラント派の教会に再洗礼なしで受け入れられることとなった。

一方、合併に反対していたヘルウィスらは、スマイスとの決別は決定的で修復不可能と判断し、自分たちのほうが少数であるにもかかわらず、多数を占めるスマイスら合併希望者を破門し、１６１１年イギリスへ帰国し、最初のバプテスト教会を設立した。オランダでアルミニウス主義の影響を受けた彼らは、贖罪は選ばれた人だけではなく万人に普遍的に与えられると主張するようになる。そして、その後現れたカルヴァン主義バプテストと区別され、ジェネラル（普遍）・バプテストと呼ばれるようになる。(7)

（1）John Smyth, *Crede credimus, et ore confitemur*, No. 5 ([Amsterdam: s.n.] 1609).（拙訳）

（2）以下の記述は、主に Stephen Wright, *The Early English Baptists*, 1603-1649, (Woodbridge, Suffolk UK, 2006), 13-44 を参照した。

（3）スマイスの洗礼論については、斎藤剛毅『バプテスト教会の起源と問題 信仰の自由を求めた人々』（ヨルダン社、１９９６年）117―127頁；金丸英子「ジョン・スマイスによる「信仰者のバプテスマ」理解の一考察――『野獣の性格（The Character of the Beast）』における「Actual Faith」の概念から」『神学論集六九』、西南学院大学学術研究所、２０１２年、59―61頁を参照した。

（4）斎藤、上掲書、119―124頁。

（5）斎藤、上掲書、123頁。

（6）斎藤、上掲書、123頁。

（7）斎藤、上掲書、117―127頁；金丸、上掲論文（２０１２年）、59―61頁。

6 『アウスブント』
殉教者たちの記憶

「父なる神よ、我々は汝を称え、汝の善意を称える」(1)

栂香央里

『アウスブント』の成立

アーミシュの礼拝では最初に『アウスブント』131番（冒頭引用）が歌われる。『アウスブント Ausbund』とは、現存する最古の再洗礼派の讃美歌集であり、ルター訳聖書、『殉教者の鑑』とともにアーミシュ必携の書となっている。その起源は16世紀のパッサウにさかのぼる。(2)

1535年にモラヴィアを追われたフィーリップ派は、いくつかのグループに分かれてドイツへ逃れた。(3) やがて、ミヒャエル・シュナイダーをリーダーとする60名ほどのグループは、パッサウまで来たところで捕えられ、五年間を地下牢で過ごした。『アウスブント』は、囚われた信徒たちがその地下牢で書いたという讃美歌が原型となっている。11篇を書いたリーダーの

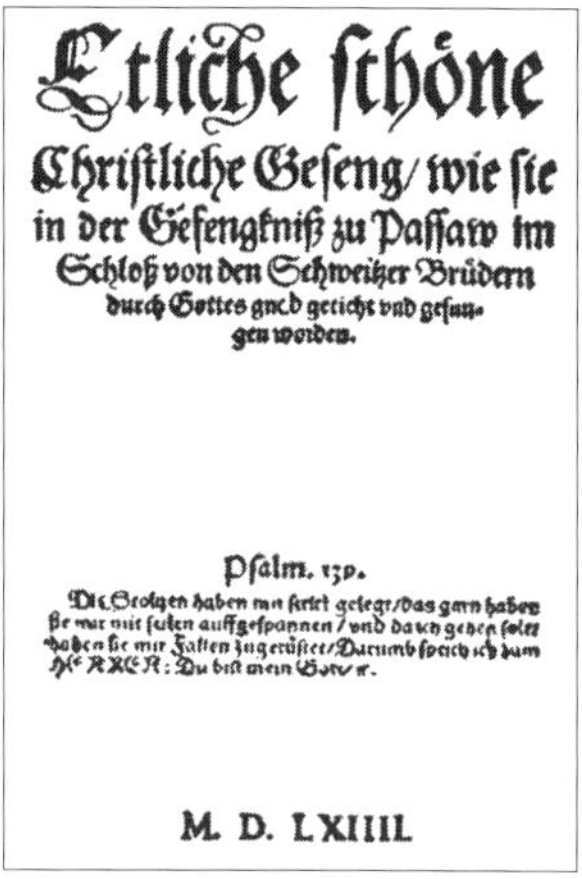
Etliche schöne Christliche Geseng/ wie sie in der Gefengkniß zu Passaw im Schloß von den Schweitzer Brüdern durch Gottes gnad geticht vnd gesungen worden.

Psalm. 139.

M. D. LXIIII.

図 20　アウスブント
（1564 年初版表紙）

シュナイダーと、12篇のハンス・ベッツが特に有名だ。彼らの多くは殉教したが、中には釈放後に、仲間が書いた讃美歌を携え、スイス再洗礼派に合流した者もいた。こうしてパッサウの地下牢で書かれた讃美歌は、他の再洗礼派の信徒たちの間でも知られるようになり、１５６４年に、「パッサウの城の牢獄でスイス兄弟団により神の恵みを通して書かれ歌われた何篇かの美しいキリストの歌」というタイトルのもとに印刷、出版された。そこには53篇の歌が収められていた。この印刷本の写しは北米インディアナ州のゴーシェン・カレッジにあるメノナイト歴史図書館に保管されている（図20）。

識字率の低かった時代においては、木版画や活版印刷といった視覚とともに、音楽・歌唱を通しての聴覚に訴える方法も、情報伝達の有効な手段だった。当時は讃美歌が一枚刷りのビラで売られ出回っていた。再洗礼派もその方法を利用したのであり、今日まで歌い継がれている『アウスブント』はそれが最も成功した一例といえよう。

海を渡った讃美歌集

「選りすぐったもの」、「精華」の意味を持つ「アウスブント」の名称は、「アウスブント：すべてのキリスト教徒に、いかなる宗派であれ、分け隔てなく役立つ何篇かの美しいキリストの歌」という、1583年に出版された第二版のタイトルに初めて登場する。この第二版は、初版から2篇の歌が削られ、新たに80篇が加えられた131篇の増補版だ。その後の版では歌がさらに追加され、ヨーロッパで出版されたものでは137篇、北米版では140篇が収められることになる。

ヨーロッパでは全部で11の版が知られている。16、17世紀には、主にケルンやライン地方一帯で印刷され、18、19世紀になるとバーゼルやシュトラースブルクが出版の中心地となった。さらに1809年以前には、出版地や編者の記載のない版も出回っていた。1692年のベルンの条令に見られるように、『アウスブント』の流布や所有が厳罰をもって禁止され、押収すべきと定められていたためだろう。ヨーロッパでの『アウスブント』の出版は、1838年のバーゼル版を最後に途絶えることになる。

一方、『アウスブント』は、「旅する教会」とともに大西洋を横断し、北米にまで伝えられた。そしてこの新世界で、旧世界以上に広まることになる。1742年の最初の出版以降1990年代に至るまで、『アウスブント』は版を重ねた。また北米版には補遺として、ケルンのメノー派の印刷業者トーマス・フォン・イムブロイヒ（１５５８年没）の信仰告白、ならびに「Neue Zeitung」における「１６３５年から１６４５年の間に、チューリヒ近郊の兄弟団が、信仰ゆえに被らなくてはならなかった苦難についての驚異譚（*Wahrhaftiger Bericht*）」が加えられた。『アウスブント』は18世紀を通してメノー派の間でも用いられたが、19世紀には別の讃美歌集が編纂された。現在、『アウスブント』を用いているのはアーミシュのみだ。

殉教者たちの歌声

『アウスブント』は大きく2部に分かれている。初版に印刷されたフィーリップ派の信徒たちの歌は第2部に収められ、第二版の出版に際して新たに加えられた80篇の歌が第1部を構成している。これらの歌を通して、再洗礼派の聖書理解、洗礼・聖餐、終末論などについての教えが示されている。全体として、自分たちの教会が、無慈悲なこの世において苦難な状況にあることを訴える歌が多い。ただしそれに絶望するのではなく、真の信徒である彼らこそが最終的には勝利するという確信に満ちた歌になっている。

第1部に収められているのは、１５２４〜１５７０年までに書かれた讃美歌だ。そこにはフエーリクス・マンツ（6番）、ゲオルク・ブラウロック（5番）、ミヒャエル・ザトラー（7番）、ハンス・フート（8番）ら、スイスや南ドイツで活躍した初期の指導者たちの歌も含まれている。マンツはチューリヒのリマト川に沈められ、ブラウロックとザトラーは火あぶりにされ壮絶な最期を遂げている。フートは獄中で死亡した後に火刑に処せられたが、いずれも死をもいとわずに信仰を貫いた殉教者だ。彼らは自らの信仰や希望、それに伴う苦悩を歌に書いて表明した。例としてマンツの讃美歌を紹介する。(4)

「私は喜んで次のように歌う。私の心は神の喜びに満ちている。神は私に、永遠で終わることのない死を逃れるよう多くの知識と知恵を授けてくださった。私は汝、天にまします主イエス・キリストを称える。汝は私の嘆きと悲しみを取り除かれた。神が汝を救世主として、また手本そして光として私に遣わされた。汝は私を、私の最期に先立って天の王国へと招いてくださった。私が神とともに永遠の喜びを抱き、神と神の正義すべてを心より愛するように。(5)」

このようにマンツの歌は、自身を神のもとへと導いてくださった主イエス・キリストへの賛美に始まる。次いで語られるのは、偽の預言者や教師たちが至る所で人々を惑わし、キリストに従って生きようとする自分たちの教会を脅かしている、地上の恐るべき現状だ。

「今や地上には、神の言葉を告げながら憎悪と嫉妬にまみれた者が多く見出される。彼らに神の愛はかけらもなく、彼らの欺きと偽りは全世界に知られるだろう。我々がこの終末の時に経験したように、羊の衣を着てやって来る者たちは飢えた狼であり、地上の敬虔な信徒をすべて憎み、生きる道と、真の羊小屋に至る道とを妨げる。そのようなことをこの世の偽預言者や偽善者は行う。彼らはさんざん冒瀆した挙句に祈るのであり、そのような態度は全くの偽りだ。彼らは我々を殺すよう権力者に働きかけるが、それは真のキリスト教を破壊することなのだ。」(6)

マンツは続けて、このような状況下にあっても決して敵をとがめたり非難したりせず、主イエス・キリストが教えられたように、耐え忍ぶことを説いている。キリストを通しての神への愛が、神のもとに至る唯一の道なのであり、偽の預言者や教師たちのように妬みや憎しみをあらわにするならば、そのような愛は得られないからだ。

「私は、我々に忍耐を示された主イエス・キリストを称えたい。恵みとともに親しみを込めて教示され、父なる神の本質に従って、すべての人への愛を示された。これを偽預言者は誰一人として為しえない。（中略）キリストを通しての神への愛のみが重要だ。誇ったり非難したりすることは何の助けにもならない。神が喜ばれるのは愛より他にはなく、愛を示そうとしない者は神のもとにいるべきではない。キリストにおける純粋な愛はここ地上では敵を野放しにしておく。キリストとともに後継者たろうとする者は、主の教えに従い慈悲深さを示すならば至福に至るだろうと告げられる。今やあやまれる者たちは、キリストの愛を心に抱かず、またその言葉を理解せず、それでも牧者や教師たらんとするが、キリストは誰をも訴えない。彼らは最後に躓き、永遠の責め苦の報いを受ける。（中略）妬みや憎しみをあらわにし、悪へとなびき拳で殴ったりするような者たちはキリスト教徒たりえない。人殺しや盗人のようにキリストの御前を走り抜け無実の血を流すことは、すべて偽りの愛だ。[7]」

このようにして、「ベリアルの子供たちのように、キリストの掟から離反する[8]」者たちの存在を明確にしたうえで、マンツは歌を次のような言葉で締めくくっている。

「あなた方すべての敬虔な信徒が、アダムの罪を心に留め忘れないでほしい。アダムも蛇の助言を受け入れ神に背いた者となったのであり、それゆえに罰として死がもたらされたのだ。このことは、キリストに歯向かい、この世の欲望を求めて神の愛を持たない者たちにも起こり得る。そこで最後に言いたい。私は、私の必要なものをすべて知ってくださるキリストのもとに留まりたいと。アーメン[9]」

アダムの罪を想起し、同じ過ちを繰り返さないためにも、神の愛の大切さとキリストとともに生きる決意とを改めて強調している。

旋律

『アウスブント』には楽譜がなく、歌う際には、民謡や民族音楽など誰もが知っているようなメロディーが当てはめられる。教会のコラールやカトリックの聖歌が使用されたこともあった。先に引用したマンツの歌は18節構成だが、『アウスブント』には20節以上に及ぶ歌も50篇ほどあるという。一曲が大変長く、単旋律で歌われるグレゴリオ聖歌に似ているともいわれている。

今日も、『アウスブント』を使用しているアーミシュの共同体が礼拝で歌う際には、最初に前唱をつとめる者（Vorsinger）が最初の音を出し、無伴奏でゆっくりと時間をかけて歌詞を唱えていく。アーミシュは教会堂を持たず、礼拝を行う際には個人の家等を順番に使用する。したがって聖歌隊やオルガンもないが、そもそもアーミシュにとって楽器を演奏することは、個人を引き立たせることになるため禁じられている。

再洗礼派は至る所で繰り返し迫害を受け数多くの殉教者を出してきた。アーミシュは彼らの精神を比類なき方法で保ち続けているのだ。

（1）*Ausbund, das ist, etliche schöne Christliche Lieder, 13. Auflage, Verlag von den Amischen Gemein-*

den. (Lancaster, Pa. 1987) 770, Nr. 131.

（2）『アウスブント』については、Robert Friedmann, "Ausbund," *Global Anabaptist Mennonite Encyclopedia Online*. 1953. Web. 17 Sep 2013: http://gameo.org/index.php?title= Ausbund&oldid=130415、Claus-Peter Clasen, *Anabaptism. A Social History*, 1525-1618, *Switzerland, Austria, Moravia, South and Central Germany*, (Ithaca and London 1972), 343-348を参照。

（3）パッサウのフィーリップ派については、Werner O. Packull, *Hutterite Beginnings. Communitarian Experiments during the Reformation*, (Baltimore and London 1995), 89-98を参照。

（4）訳出に際しては英訳も参照した：http://www.homecomers.org/mirror/martyrs056.htm.

（5）*Ausbund*, 41, Nr. 6.

（6）*Ausbund*, 42-43, Nr. 6.

（7）*Ausbund*, 43-45, Nr. 6.

（8）*Ausbund*, 45, Nr. 6.

（9）*Ausbund*, 45-46, Nr. 6.

7

『殉教者の鑑』
メノー派・アーミシュのアイデンティティの源泉

山本大丙

ディルク・ウィレムスゾーンの殉教

１５６９年の冬、再洗礼派だったディルク・ウィレムスゾーンはすぐ後まで迫った追跡者から逃れようとしていた。彼は何とか薄く氷の張った川を横断することに成功したが……

「彼を追跡していた者が氷を破って川に落ちた。追跡者が命の危機に瀕していることを知ったディルク・ウィレムスゾーンは、すぐに戻ると彼が川から上がるのを助けた。こうして彼は追跡者の命を救ったのである。」(1)（図21）

結局、ディルクは助からなかった。追跡者は彼を逃すことを望んだが、厳格な「教皇派」の市長は彼を火刑に処すことを決定したからだ。メノー派も含む再洗礼派においては全ての暴力が否定される。また、眼の前で生命の危機に瀕している人も助けなくてはならない。救助す

図 21　川に落ちた追跡者を救助するディルク・ウィレムスゾーン

ることができるのにそれをしないのは、他者に暴力を加えているのと同じだからだ。敵の命を救い自らの命を奪われたディルクの物語は、ほとんど全ての再洗礼派グループによって今日も語り継がれている。そうした殉教の記録において何よりも重要なのが、1660年にオランダで出版された『殉教者の鑑』という書物だ。「殉教者の鑑」という言葉は第一版のタイトルにはなかったが、1685年に出版された第二版は、『洗礼に親しむ者、そして防衛手段を持たないキリスト者の血まみれの劇場もしくは殉教の鑑……』（*Het Bloedig Tooneel, of Martelaers spiegel der doops-gesinde of weereloose christenen...*）という題名（正確な名称は長いので省略）であり、以後この書物は『殉教者の鑑』と呼ばれるようになる。それはドルドレヒトのフラマン派の長老、ティーレマン・ヤンスゾーン・ファン・ブラフトによって執筆された1290ページにもなる大著だった。

語り継がれる記憶

厳しい弾圧に会った再洗礼派は多くの殉教者を出した。信徒たちは彼らの記録を常に残した。信仰を守り抜いて処刑された再洗礼派の人々を描いたパンフレットは、地下レベルで広く流通していたらしい。１５６２年、八十年戦争勃発の少し前の低地地方では、こうした殉教者たちや彼らの処刑の記録、獄中からの手紙あるいは賛美歌などがある匿名の人物によって集められ本となった。これは、『主の犠牲』（*Het offer des Herren*）という題名で、20名ほどの再洗礼派殉教者について述べた小さなパンフレットだった。これは専ら低地地方の殉教者を描いたものだが、スイスの再洗礼派ミヒャエル・ザトラーが触れられており、既に再洗礼派諸派に関する情報が国境をまたいで行き交っていたことが分かる。その2年後には、ドイツ語圏の再洗礼派によって今度は53もの賛美歌を載せた書物が姿を現す。それ以降、殉教者に関する本や賛美歌が数多く出現する。オランダのメノー派は、殉教者の記録の収集ならびに出版に熱心だった。１５６２年から１５９９年の間に少なくとも『主の犠牲』は11版が世に出され、新版が出るごとに殉教者が追加されていった。オランダが出現すると『主の犠牲』は活字となって姿を現す。１５９５年版は、ウィレム・ヤンスゾーン・バイスによってアムステルダムで、１５９９年版はペーター・セバスティアンスゾーンによってハーリンゲンで出版されている。後者には33名もの殉教者が載せられていた。再洗礼派にしては珍しく他のメノー派グループあるいは他宗派に開かれていたワーテルラント派は殉教者の記録の収集を活発に行った。

ここで再びワーテルラント派、特にそのリーダーだったハンス・ド・リースの活動を説明したい。しばしば、この派は最も再洗礼派の理想から隔たったグループであるといわれる。初期のメノー派の長老レーナルト・バウエンスは、ワーテルラント派を「ごみ収集車」とまで呼んだ。他方、一時期は改革派に加わっていたハンス・ド・リースの指導の下、このグループは徐々に改革派の影響を受けていった。当初のメノー派は無言で祈祷をしたが、ワーテルラント派は声を用いて祈るようになった。また、このグループは信仰洗礼を行うことなく改革派信徒を迎え入れた。17世紀の終わり頃には、それはメノー派全体の習慣となった。それは必ずしも彼ら全てが信仰に無頓着だったことを意味しない。再洗礼派指導者のイメージとは異なり、ド・リースは信仰の自由を求めた人文主義者ディルク・フォルケルツゾーン・コールンヘルトの友人で、錬金術にも手を染めていたらしい。しかし、彼には彼なりの理想があった。彼は分裂したキリスト教の再統合を目指し、最初のステップとして他宗派と対話した。第2部第5章では、イングランドのバプテストの一派がワーテルラント派に加わった事例が紹介されたが、それはド・リースのそうした思想による。他方、彼は三位一体には厳格であり、同胞を求めてオランダへとやって来たソッツィーニ派に対して、メノー派とソッツィーニ派の合流は不可能と断じている。また、メノー以来信仰洗礼とともに他宗派から槍玉に挙げられたキリストの受肉に関する独特の考え方――キリストはマリアより何も受け継いでいないという単性論的思考

――に対しても否定的だった。1618年、ド・リースの手によるワーテルラント派信仰告白にもそれは現れている。これは後述するように、旧フリースラント派――メノーの思想を堅持する保守的グループ――と論争の原因となった。

ド・リースは何よりも殉教の記録を収集したことで後のメノー派に大きな影響を与えた。『主の犠牲』に載せられた殉教者の数は、弾圧を経験した再洗礼派にとって十分ではなかった。こうした中、ド・リースは全く新しい殉教者の本の作成を決意した。彼の意を受けた者たちは1600年以降ドイツ、オーストリア、モラヴィアを訪れ殉教者の記録を収集した。こうして1615年、ド・リースの編集による『殉教者の物語あるいはイエス・キリストの真の証人たち』(*Historie der Martelaren ofte waerachtighe Getuygen Jesu Christi*) が出版された。序文でド・リースは愛と平和を強調し、メノー派信徒に対して見解の相違を乗り越えるように促している。ここには、ワーテルラント派の持つエキュメニカルな傾向が端的に表れている。もっとも、彼の理想に共鳴するメノー派信徒はワーテルラント派の外にあまりいなかった。けれども殉教記録収集は多くの信徒の関心を引いた。『殉教者の物語』は、1617年、1626年、1631年に増補新版が出版された。ファン・ブラフトの『殉教者の鑑』も、部分的にこれに依っている。

ファン・ブラフトの『殉教者の鑑』は二部からなる。第1部では初期キリスト教の時代から1500年前後までの殉教者が主に取り上げられている。第2部では比較的近年に信仰のために自らの命を犠牲にした人々について書かれており、その数は８０３名に及ぶ。彼らのうち６１３名はオランダあるいはベルギーで殉教した者たちだ（これらの数字はいずれも１６８５年の第二版に挙げられたもの）。この書物には信仰告白や詩が含まれており、さらに優れた銅版画家のヤン・ルイケンによる１０４もの挿絵が添えられていた。ちなみにルイケンは、１６７３年にアムステルダムで信仰洗礼を受けメノー派（羊派）に改宗している。なお、彼の回心にはハレヌス・アブラハムスゾーン・ド・ハーンが何らかのかたちで影響を与えたらしい。ファン・ブラフトはそれ以前の記録に加えて、新たにドイツやスイスの再洗礼派から情報を得ていた。迫害を逃れた再洗礼派が新大陸へと渡った18世紀以降、この『殉教者の鑑』はオランダ出身のメノー派のみならずアーミシュのような他の再洗礼派グループにも浸透した。19世紀になると、５つのそれぞれ異なった版がアメリカで出版された。そのうちの３つはドイツ語で１８１４年、１８４９年、１８７０年に出版されており、後の２つは英語で１８３７年と１８８６年に出版されている。こうして、『殉教者の鑑』は再洗礼派の重要なアイデンティティのひとつとなった。今日の再洗礼派コミュニティーにも必ずこの書物は見出される。

殉教者とは誰か

アイデンティティというものが多くの場合そうであるように、『殉教者の鑑』もある意味脆弱な基盤の上に成り立っていた。ファン・ブラフトは当時の基準からいってもアマチュアの史料編纂家であり、史料の取り扱いに長けた人文主義者ではなかった。『殉教者の鑑』の内容が史料としてどれほど信頼が置けるのか、多くの宗教史家が議論を重ねている。ファン・ブラフトはしばしば殉教者の名前を間違えている。また、同じ人物を二度取り上げることもある。こんにち、その内容が全て真実でないことは再洗礼派研究者の中でほぼ定説となっている。さらに厄介な問題もある。誰を殉教者に数えるのか、これをめぐる論争はメノー派諸派の間で17世紀前半に既に活発に議論されている。低地地方再洗礼派の中には、メノー由来の単性論的受肉思想のために処刑された者たちがいた。ド・リースは『殉教者の物語』を編纂する上で彼らには触れなかった。当然ながら、メノー由来の受肉思想を継承する旧フリースラント派はワーテルラント派を批判した。他方、どう考えてもメノー派の殉教者の中に加えられるべきでない者も載せられている。一例としては１５３９年に殉教したアネケン・ヤンスを挙げることができる。彼女は再洗礼派信徒だったが、メノーが蛇蝎のように嫌ったヨリスに傾倒していた。にもかかわらず、『主の犠牲』の最初期のバージョンから彼女の殉教は記され人々に記憶され続けた。ファン・ブラフトも『殉教者の鑑』を執筆する際に彼女の物語を削除しなかった。さらにいえば、『殉教者の鑑』の内容は、再洗礼派の諸派ごとに異なっている場合がある。

この点において、再洗礼派のアイデンティティは非常に難しい問題だ。現代の再洗礼派の中には同性愛者を教会に迎え入れる進歩的な人々がいる一方、この世からの隔絶という初期の理想に忠実なアーミシュのような人々もいる。果たして彼らは互いを同胞と認めるだろうか？

また、『殉教者の鑑』をめぐっては再洗礼派の中でも様々な議論がある。それは宗派間の対話を妨げているのではないか？　殉教者が受けた拷問や処刑の記憶は、閉鎖的な社会で生きるしか選択肢のない子供たちの心を傷つけているのではないか？　そうであるとして、敵のために命を犠牲にしたディルク・ウィレムスゾーンの記憶は忘却するべきなのか？　最後に殉教と絡んだアイデンティティという問題は、控えめに言っても困難な主題だということを強調しておきたい。同時にそれはすぐれて現代的な問題でもある。当然ながら再洗礼派やキリスト教徒だけの問題ではない。時代の変化にもかかわらず、いまだに世界は至る所で様々な「殉教者」を生み出し続けている。彼らの物語の中には胸を打つものもあるだろう。そうした記憶を美談と捉える者も少なくないかもしれない。しかし、それは何を意味するのか。今後も様々な地域で『殉教者の鑑』のような書物が積み木のように並んでゆく様子を想像する時、不思議な無力感と疲労に襲われるのは筆者だけではないはずだ。

（1）Thieleman J. van Braght, *The Bloody Theatre or Martyrs' Mirror of the Defenseless Christians who baptized only upon Confession of Faith and who suffered and died for the Testimony of Jesus Their Saviour . . . to the Year A.D.* 1660 (Scottdale 1951), 741. Available online at: http://www.homecomers.org/mirror/index.htm

第3部　近代化する社会を生きる再洗礼派

1 「宗派化」の時代を生き抜く宗教的少数派
16〜17世紀の「スイス兄弟団」

永本哲也

「彼はかつてアウスピッツでフィーリップ派とともにおり、彼らが我々から離れ、スイス兄弟団に加わった時に、彼らに同行していた。[1]」

「宗派化」時代の国家と再洗礼派

宗教改革以降の西欧では、複数の宗派が併存していた。諸侯や都市当局は、カトリック、ルター派、改革派など特定の宗派を公認し、領邦や都市の国教会を作った。彼らは、臣民の魂の救いに責任を負っていると自認しており、公認宗派の教義や儀礼、価値観を領内で浸透させ、宗派的統一を確立しようと試みた。こうした動きを「宗派化」と呼ぶ。

「宗派化」の時代に、再洗礼派のような宗教的少数派が容認される余地は少なく、スイスや南ドイツもその例外ではなかった。[2] 再洗礼派は国教会から距離を取り、幼児への洗礼を拒否するだけでなく、礼拝式にも参加しなかった。さらに、宣誓や軍役といった臣民としての義務を果たそうとしなかった。そのため彼らは、教会や国家秩序を破壊しようとする反乱者だと危険視され、取り締まりの対象となった。

再洗礼派が誕生したばかりの１５２０〜30年代には、スイスや南ドイツで処刑が相次いだ。[3]その後処刑は余り行われなくなったが、逮捕、投獄、追放などの迫害はその後も続いた。

再洗礼主義はまず都市部で広がったが、その信奉者は取り締まりによって都市部から駆逐され、16世紀半ばには当局の目の届きにくい農村部に住むようになった。彼らは人里離れた場所に散らばって住み、集まる機会も少なかった。彼らの集会は、個人の家、森や洞窟のような人目につかない場所で密かに行われた。すぐに他の支配領域に逃げられるように、チューリヒやバーデン伯領など複数の領邦の境界領域に住む者も多かった。[4]

迫害を逃れるために、農村ではなく他の地域に移住する者も少なくなかった。16世紀を通じて、スイスや南ドイツの再洗礼派の重要な移住先になったのがモラヴィアだった。モラヴィアのフッター派は組織的な宣教を行い、特に１５７０年代以降スイスから多くの移住者を獲得した。[5]

再洗礼派内部の宗派形成――「スイス兄弟団」の成立

「宗派化」は、カトリック、ルター派、改革派のような世俗権力と結びついた宗派でのみ進行したのではなかった。再洗礼派のような宗教的少数派もまた、16世紀を通じて次第に自分たちの宗派的アイデンティティを確立させていった。スイスや南ドイツ再洗礼派の「宗派化」の進行は、「スイス兄弟団」という呼称の成立からも読み取ることができる。(6)「スイス兄弟団」という呼び名が初めて登場するのは、1530年代末から40年代初頭のプファルツだった。冒頭の引用はフッター派の『年代記』の一節で、「スイス兄弟団」という呼称が登場する最初期の例だ。この一節でフッター派は、「フィーリップ派」や「スイス兄弟団」という呼び名を使うことによって、彼らを自分たちと区別している。

当時の再洗礼派の中には教義や規範を異にする様々なグループが存在した。そのグループの一つを自分たちと区別するために、フッター派や南ドイツ再洗礼派の有力な指導者だったピルグラム・マルペックが使い始めたのが「スイス兄弟団」という呼称だった。(7)スイス兄弟団は、フッター派やマルペック派、低地地方のメノー派と相互に批判し合った。他の再洗礼派グループとの議論や対立を通して、スイス兄弟団の神学的理解が次第に確立されていった。

16世紀には国教会の神学者と再洗礼派が論戦を行うために数多くの討論会が開かれた。農村に散らばって生活していたスイス兄弟団の指導者たちにとって、討論会への参加は、一堂に集まり神学的な議論を行う重要な機会になった。そのため、討論会もまた、彼らの神学的アイデンティティの確立を促進した。(8)

スイス兄弟団の共同体はスイス、南ドイツ、ヘッセン、モラヴィアなど広い範囲に散在していたにもかかわらず、彼らは、他の再洗礼派グループや国教会の神学者との議論を通じて16世紀末には自分たちの宗派的アイデンティティを確立させた。

17世紀スイスでの迫害と移住⑼

スイスでの再洗礼派に対する取り締まりの厳しさは、地域や時期によって波があった。再洗礼派の処刑は、スイスの大半では16世紀中、チューリヒでも１６１４年を最後に行われなくなった。16世紀のチューリヒでは再洗礼派を逮捕拘禁しても、彼らが復讐断念誓約を行えば釈放していた。また、再洗礼派たちは頻繁に脱獄していたが、当局は常に逃亡者を厳しく追跡したわけではなかった。地域や時期によっては、再洗礼派たちは当局から厳しい取り締まりを受けず、事実上の容認を享受していた。

16世紀を通じて取り締まりを続けたにもかかわらず、スイス諸州の政府は再洗礼派たちを国教会に引き戻すことにも、領内から根絶することにも成功しなかった。そのため、彼らは１５８０年代以降再洗礼派に対しより厳しい措置を取るようになった。１５８５年にベルン、チューリヒ、バーゼル、シャフハウゼンがアーラウで合同会議を開き、再洗礼派の財産没収という、それまでより厳しい処罰を行うことで合意した。この決議がその後の対再洗礼派政策の基盤になった。17世紀以降チューリヒとベルンは、再洗礼派を何度かガレー船送りの刑に処した。再洗礼派を投獄するための牢獄がチューリヒとベルンで作られたのも17世紀半ばだった。

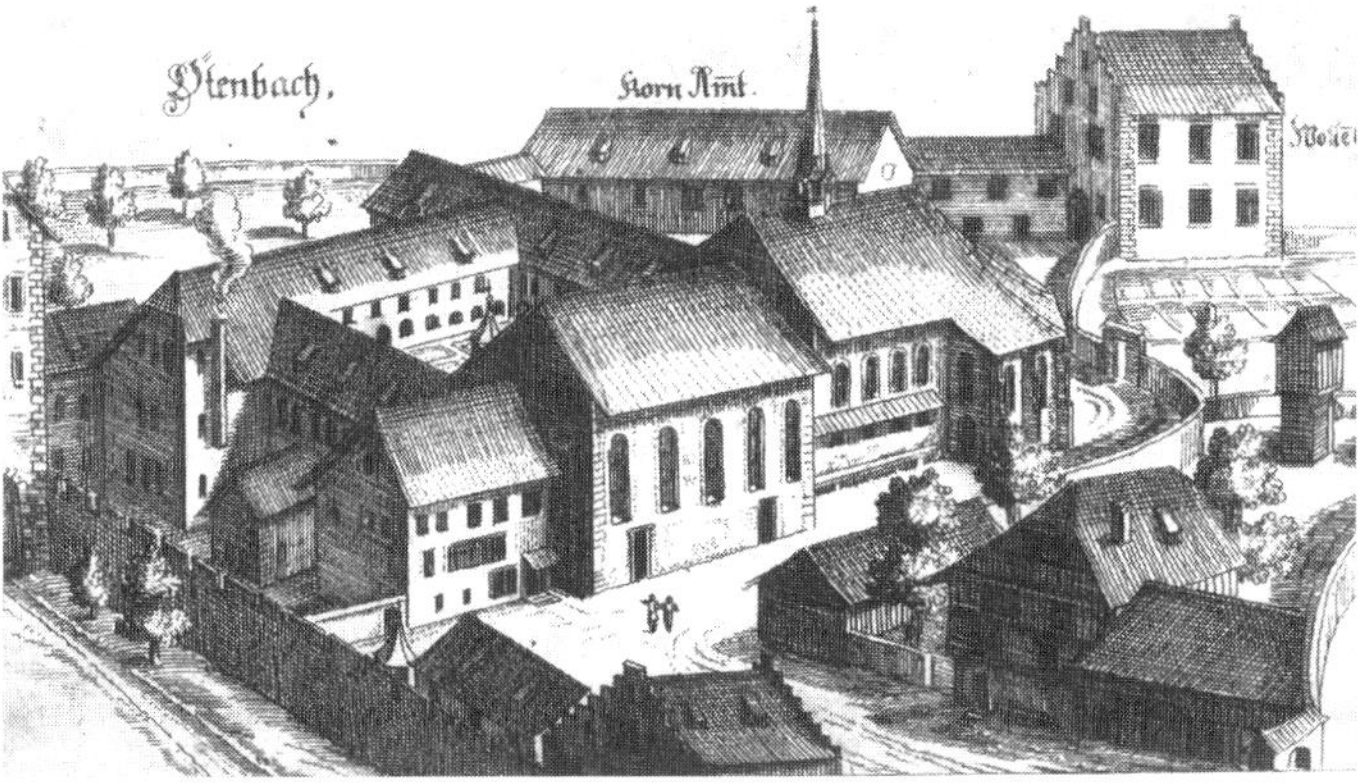

図 22　元ドミニコ会修道院だったチューリヒのエーテンバッハ。1637 年に再洗礼派の牢獄になった。

ベルンでは、１６５９年に再洗礼派を取り締まるための委員会が作られた。

17世紀に厳しさを増した取り締まりに対し、スイス再洗礼派の多くが選択したのは、安全に住める場所へ移住することだった。ヨーロッパには多数の支配領域があり、再洗礼派のような宗教的少数派が居住を容認される場所も皆無ではなかった。17世紀に彼らの主な移住先になったのは、エルザスとプファルツだった。両地域は30年戦争で大きな被害を受け、領土の荒廃と人口減少に苦しんでいた。そのため、農村を再興させるための労働力として、再洗礼派も歓迎された。

１６４０年代にまずチューリヒの再洗礼派がエルザスに移住した。彼らの多くは、その後エルザスからプファルツへ移住した。ベルンの再洗礼派は１６７１年に大挙してプファルツへと移住した。1711年にもベルンからプファルツやオランダへの大規模な移住が行われた。こうして多くは故郷を離れることになったが、それでも再洗礼派がスイスで完全に根絶されたわけではなかった。

貫徹されない「宗派化」

チューリヒやベルン政府が、近世を通じて再洗礼派のような宗教的少数派を取り締まり続けたのは、領内の「宗派化」のためだった。しかし、領内には政治的あるいは宗教的不満から政府の命令に反して再洗礼派を支援する動きが常に見られた。(10)

農村の貴族や役人の中には、再洗礼派を支援・保護することによって、農村に権力を拡大しようとする政府の中央集権化政策に対抗しようとする者がいた。農村の役人と再洗礼派が親しい関係を結ぶこともあった。世俗の役人だけでなく、牧師が再洗礼派の存在を黙認することもあった。

農村の住民たちは、再洗礼派たちを正直でよく働く隣人だと見なし、危険視していなかった。政府や牧師よりも再洗礼派に同情し、連帯感を抱いていた者もいた。在地の牧師の教えと生活が一致しないことに不満を持っていた住民にとって、敬虔な生活をしている再洗礼派は魅力的に感じられた。そのため、洗礼を受けず、共同体の正式なメンバーにはなっていないが、再洗礼派に共感する人々もいた。彼らは「共鳴者」と呼ばれ、食料や飲み物を与えたり、当局の取り締まりから匿ったりして再洗礼派の支援を行った。

近世を通じて政府の教会政策への反発と再洗礼派への同情や支援がなくならなかったことは、政府の「宗派化」政策が完全には成功しなかったことを示している。そして、「宗派化」の不徹底が、スイスの再洗礼派たちが迫害下で生き延びるための大きな助けになっていた。

他方、スイス兄弟団もまた、自分たちの「宗派化」を貫徹することはなかった。迫害下で生き残るために社会に適応する必要があったためだ。彼らは当局から不服従を理由に非難されたが、世俗権力の支配の正当性を認め、神の言葉に反しない限りお上に服従していると自己正当化した。再洗礼派は宣誓を禁じていたが、拘禁や迫害を逃れるために復讐断念誓約や市当局への誠実宣誓を行うことがあった。改革派教会で幼児に洗礼を受けさせたり、聖餐式に参加したりするなど、表面的には国教会の良き信徒を偽装する者もいた。改革派と異宗派婚を結んだ再洗礼派もいた。

スイス兄弟団は、17世紀にオランダの再洗礼派と密接な関係を持つようになった。スイスの再洗礼派が当局から厳しい迫害を受けていたことを知ったオランダの再洗礼派は、17世紀半ば以降繰り返しチューリヒやベルン政府に迫害を止めるよう求めた。１６６０年には、オランダ連邦議会、アムステルダムやロッテルダム政府を動かし、チューリヒやベルンに外交的圧力をかけた。スイスの再洗礼派が投獄された際や移住する際に金銭的援助も行った。１６４５年に書かれた著作を通して、チューリヒの再洗礼派が改革派の神学者に反論した時も、彼らは力を貸していた。[11]

エルザスに移住した再洗礼派指導者の一部は、1660年にオランダ再洗礼派のドルドレヒト信仰告白を受け入れた。17世紀半ばからは、エルザスやプファルツ、スイスの再洗礼派たちが「メノー派」と呼ばれるようになってきた。このようにして17世紀半ば以降、スイス兄弟団とオランダの再洗礼派の間にある宗派的な境界は薄れていった。

しかし、スイス兄弟団の宗派的統一性は、改革派の住民やオランダの再洗礼派といった外部の者たちとの関係だけによって揺らいだのではない。17世紀末には、スイス兄弟団内部で大規模な争いが起こり、それにより彼らは分裂することになった。この分裂から生まれた新しいグループこそ、アーミシュだった。

（1）*The Chronicle of the Hutterian Brethren*. Vol. 1 (Rifton 1987), 225.

（2）スイス再洗礼派に関しては、彼らの歴史を通史的に扱った論文集を参照した。Urs B. Leu and Christian Scheidegger (eds.), *Die Zürscher Täufer 1525-1700* (Zürich 2007).

（3）Claus-Peter Clasen, *Anabaptism a social history, 1525-1618* (Ithaca and London 1972), 437.

（4）ハインリヒ・ブリンガーの時代のチューリヒの再洗礼派については以下を参照。Christian Scheidegger, "Täufer, Konfession und Staat zur Zeit Heinrich Bullingers," in *Die Zürscher Täufer 1525-1700*, 67-116.

（5）フッター派の宣教とモラヴィアへの移住については以下を参照。Christian Scheidegger, "Täufergemeinden, hutterische Missionare und schwenckfeldische Nonkonformisten bis 1600," in *Die Zürscher Täufer* 1525-1700, 131-144.

（6）「スイス兄弟団」成立については以下を参照。John D. Roth, "Marpeck and the Later Swiss Brethren, 1540-1700," in *A Companion to Anabaptism and Spiritualism, 1521-1700*, eds., John D. Roth and James M. Stayer, (Leiden and Boston 2007), 347-388; Martin Rothkegel, "Schweizer Brüder," in www.mennlex.de - MennLex V :: top/schweizer_brueder.txt Zuletzt geändert: 2016/02/11 09:57

（7）マルペックによる「スイス兄弟団」という呼称については以下を参照。Werner O. Packull, *Hutterite Beginnings: Communitarian Experiments during the Reformation* (Baltimore and London 1995), 287-289.

（8）アイデンティティ形成に際しての討論会の重要性については以下を参照。Roth, "Marpeck and the Later Swiss Brethren, 1540-1700," 353-356, 372ff.

（9）17世紀スイスでの迫害については以下を参照。Barbara Bötschi-Mauz, "Täufer, Tod und Toleranz. Der Umfang der Zürcher Obrigkeit mit dem Täuferlehrer Hans Landis," in *Die Zürscher Täufer 1525-1700*, 165-202; Urs B. Leu, "Letzte Verfolgungswelle und niederländische Interventionen," in *Die Zürscher Täufer 1525-1700*, 203-245. チューリヒ再洗礼派の移住については以下を参照。Hans Ulrich Pfister, "Die Auswanderung der Zürcher Täufer in der Mitte des 17. Jahrhunderts," in *Die Zürscher Täufer 1525-1700*, 247-276. ベルンでの迫害や移住については以下も参照。Neff, Christian and Isaac Zürcher-Geiser. "Bern (Switzerland)." Global Anabaptist Mennonite Encyclopedia Online. 1986. Web. 2 Dec 2016. http://gameo.org/index.php?title=Bern_(Switzerland)&oldid=141043

（10）スイス再洗礼派への支援については以下を参照。Roth, "Marpeck and the Later Swiss Brethren, 1540-

1700," 377-380; Friedmann, Robert. "Half-Anabaptists." Global Anabaptist Mennonite Encyclopedia Online. 1956. Web. 2 Dec 2016. http://gameo.org/index.php?title=Half-Anabaptists&oldid=95052

(11) オランダ・メノー派からの支援については以下を参照。Leu, "Letzte Verfolgungswelle und niederländische Interventionen," 228-242.

2

「忌避」に同意しない者は破門する

アーミシュの誕生

早川朝子

「あなたがたは2月20日までに我々のもとに出頭し、争点になっている項目、すなわち破門された者を忌避すること、うそつきを教会から追放すること、神の言葉に拠らずして救われる者はいないことを、我々とともに告白することができるのかを明らかにしなくてはならない。あるいは神の言葉に基づき他のことを教示できるならば、我々にそれを知らせてほしい。もしこの期日までに、これらの項目を我々とともに告白するために、あるいは神の言葉に基づき他のことを示すために出頭することができないならば、あなたがたが申し開きをするのに別の日、すなわち3月7日を指定する。しかし、もし指定した時までに出頭せず明らかにしなかったならば、あなたがたは私の教えと信仰に従い、我々牧師ならびに長老、そして特に私ヤーコプ・アマンにより、セクト主義者として神の教会から破門されるだろう。(1)」

再洗礼派の中でもアーミシュは、今日においても文明の利器に頼らず、伝統的で素朴な生活を送ることで知られている。例えばアーミシュは、自動車を所有せず馬車（バギー）で移動し、農作業にはトラクターを使用せず馬に頼る。電気を使用しないため、家庭にテレビや電話、コンピューターはない。服装はシンプルで、ボタンもぜいたく品として禁じている。

このアーミシュの名称は、冒頭の「警告の書」を書いたヤーコプ・アマンの名前に因んでいる。アマンは、特に忌避について、考え方を異にする信徒を容赦なく破門した。この厳格で頑な姿勢がアーミシュを誕生させたのだ。17世紀末に、迫害に苦しむスイス再洗礼派内部で起きた分裂劇だった。

ヤーコプ・アマン

アマンの生年は、スイス・ベルン州ジンメンタールの村エルレンバハに残る洗礼記録より、１６４４年と考えられている。この年の2月12日に、ミヒャエル・アマンと妻アンナとの間に生まれたヤーコプが洗礼を受けていて、これが当のヤーコプ・アマンである可能性が高い。１６８０年に、ベルン当局よりオーバーホーフェンの支配者に宛てて、再洗礼の信仰に染まったエルレンバハ出身のヤーコプ・アマンをどのように扱うべきか、指示する内容の書簡が送られている。このことから、１６８０年までにはアマンが再洗礼派となっていたことが窺える。職業は仕立工だった。

1690年代に入ると、スイス再洗礼派の避難民がベルンよりエルザス（アルザス）のマルキルヒ（サント・マリー・オ・ミーヌ）に押し寄せるようになった。アマンも、1696年2月には、家族とともにスイスを離れマルキルヒに移住していた。兵役など公的任務の免除を求める嘆願書に署名した再洗礼派のリストの中に、アマンの名前が見出せる。このエルザスの地でアマンは、再洗礼派を代表して当局との交渉にあたるなど、リーダーとして活躍した。しかし1712年にマルキルヒから再洗礼派が一掃されると、その後のアマンの足跡は辿れなくなる。

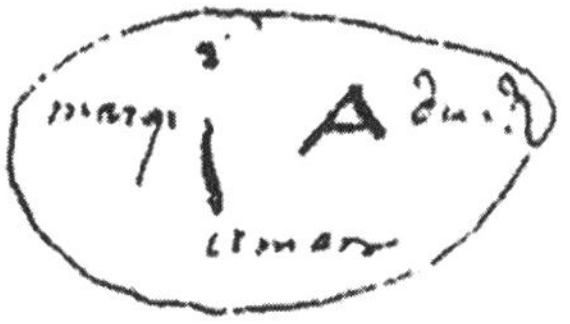

図23 アマンの署名（イニシャル）1697年

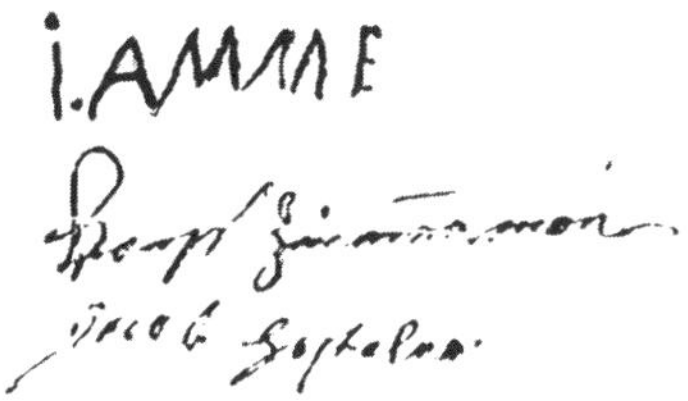

図24 アマンの署名（フルネーム）1701年

1730年に、成人していたアマンの娘に洗礼を受けるよう促したというエルレンバハでの記録によると、父親はその時すでに死去していたという。[2]

アマンは、おそらく聖書などを読むことはできただろうが、文字を書くことができなかった。文書にみられるアマンの署名は、多くが「I. A.」の頭文字だけであり（図23）、その後に「ヤーコプ・アマンは書けなかった」との文言が付されている。僅かながら残存するフルネームの署名は代筆だと思われるが、唯一1701年に作成された文書の「I. Amme」は、アマンの自筆と考えられている（図24）。[3]

アマンの目指した再洗礼派教会

真の信徒を邪悪な俗世から分離して成立したスイス再洗礼派では、信徒が正しい信仰から逸脱した場合、共同体の純粋性を保つためにも、破門を厳格に適用する必要があった。「シュライトハイム信仰告白」によると、破門された信徒とは、もはや同じパンを裂き同じ杯から飲むことができなかった。しかし、激しい弾圧を受ける中で次第にメノー派との関係が強化されると、さらに厳格な破門の考え方に触れることとなった。「ドルドレヒト信仰告白」では、聖餐式だけでなく、破門された信徒とはいっさいの関わりを絶たなくてはならず、飲食やその他の社会生活を共にすることもできなくなったからだ。

ヤーコプ・アマンは、メノーの厳格な忌避の教えに大いに共鳴した。そしていま一度、再洗礼派を邪悪な俗世から徹底的に分離することを目指した。[4] そのためには忌避がすべての共同体で一律に実践される必要があり、現状を把握し正そうと、各地の共同体を訪問することにしたのだ。アマンはすでにその前に、聖餐式を年に二回行うべきと主張し、現行の一回でよいとするハンス・ライストらと対立していた。再洗礼派に支援の手を差しのべてくれる人々も救われるとするライストらの見解も、俗世との同化につながるものであり、アマンには到底受け入れられなかった。

さらにアマンが、「ドルドレヒト信仰告白」に定められた洗足式を文字通り実践したことや、共同体のメンバーの服装を伝統的でシンプルなものに統一するよう提唱したことも、俗世との違いを際立たせた。派手な服装に加えて、顎鬚を刈り込むことにも批判的だった。

分裂に至った過程

ヤーコプ・アマンは三人の同志を伴い、各地の再洗礼派の共同体をめぐる旅に出た。初めにニコラウス・モーザー、次いでペーター・ギガーの共同体を訪れた。アマンに忌避について問われた二人はそれぞれ、その教えを信じていると答えた。それから一行はハンス・ライストのもとへ向かった。同じ問いに対してライストは、「人が何を食べようと罪にはならない。キリストも収税吏や罪人とともに食事をされた」と語り、破門された信徒とは食事すら共にしてはならないという忌避の教えに反対の立場を表明した。また一行は、ライストの共同体に、破門されていないうそつきの女性がいることについて問い質したが、それに対しても納得のいく回答は得られなかった。

その次に訪れた共同体では、すべての指導者が一堂に会して見解を統一するべきとの提案があり、それを受けてアマンは、ニコラウス・モーザーの納屋で会合をもつことにした。しかしながら、この会合にはすべての指導者が集まらず、ライストも欠席者の一人だった。そこで二週間後に再び会合をもつことになった。また最初の会合の前に、アマンはライストのもとに使者を送り、会合の開催を伝えるとともに、繰り返し忌避についての見解を求めた。ライストの書面での回答は、忌避に否定的な立場を改めて明確にするものだった。

二週間後の会合は比較的規模の大きなものとなり、女性も少なくとも三名居合わせた。しかしライストは現れなかった。迎えの使者を遣わしたところ、収穫期を理由に参加を拒んだという。それを聞いたアマンの怒りは頂点に達した。出席しないのはこの問題に対する無関心の表れだろう。アマンは直ちにライストの罪状を読み上げ、破門を宣告した。その場は騒然となり、一人の女性がアマンのもとに跪き、落ち着くよう懇願したが無駄だった。続いてアマンは、会合に参加していた指導者たちに対しても、忌避についての見解を改めて問うた。そして認めない者は直ちに破門した。一度は信じていると述べたニコラウス・モーザーとペーター・ギガーも、態度を明確にしなかったため、うそつきと非難され破門された。会合は決裂し、アマン派（アーミシュ）は握手を交わすことなくその場を後にした。

モーザーやギガーら破門された指導者たちは、アマンのやり方が行き過ぎだとして幾度か再考を促したが、アマンは耳を貸そうとしなかった。そして間もなく、冒頭の「警告の書」がすべての信徒に向けて発せられたのだ。スイスやエルザス、プファルツの再洗礼派の間では、分裂劇の真相をめぐって書状が交わされた。またアマンに宛てて和解を求める書状が送られたこともあった。「警告の書」の指定する期日が過ぎたばかりの１６９４年3月13日、エルザスのオーレネンハイムで和解に向けた会合が開かれた。以後数年にわたって何度か和解が試みられたが、いずれも失敗に終わった。特に忌避をめぐって、双方とも従来の主張を曲げなかったからだ。

新天地アメリカへ

アーミシュは、ヨーロッパでは度重なる迫害・弾圧に伴い、逃避生活を余儀なくされ、独自の信仰生活を維持する宗教集団として根づかなかった。エルザスやプファルツを追放されると、住む土地を求めてフランス、ドイツ、オランダ、ポーランド、ロシアへと移住した信徒もいたが、最終的にはメノー派に吸収されるか、あるいはアメリカへ向かうこととなった。(5)

アメリカに渡った最初のアーミシュの特定はできないが、１７２７年、１７３７年にフィラデルフィアに到着した船の乗客名簿には典型的なアーミシュの姓が見出される。過密状態の船内にはシラミが発生し赤痢が蔓延するなど、渡航は困難を極めたが、18世紀前半から半ばにかけて多くの信徒が新大陸へと移住した。ここでは信仰を理由に迫害されることなく、広大な土地を手に入れることができた。アメリカへの移住熱は18世紀後半に下火になったが、19世紀に入ると再び高まった。アーミシュの集落は、当初の入植地ペンシルベニア州南東部からオハイオ州やインディアナ州、さらには米国内の他の州やカナダへと広まった。信徒の数は、高い出生率も手伝って増加の一途を辿っている。

今日のアーミシュ社会でも、破門された者に対する忌避は厳格に適用される。したがって、10代後半から20代前半の時期に、自らの意志で洗礼を受けるか否かの決定は慎重になされる。

ひとたび洗礼を受けると、厳格な規律や慣習に従わなくてはならず、違反すれば破門されるからだ。破門されると集落で孤立し、家庭内でも家族と同じテーブルについて食事をすることすらできなくなる。(6)

（１）John A. Hostetler, *Amish Society* (Baltimore/London 1993), 37-38.　坂井信生『アーミシュ研究』（教文館、１９７７年）65—66、121—122頁（注55）。
（２）ヤーコプ・アマンについては、坂井『アーミシュ研究』35—37頁、Robert Baecher, "Research Note: The 'Patriarche' of Sainte-Marie-aux-Mines," *Mennonite Quarterly Review* 74 (2000), 145-158; John Hüppi, "Research Note: Identifying Jacob Ammann," *Mennonite Quarterly Review* 74 (2000), 329-339 を参照。
（３）アマンの署名については、Baecher, "The 'Patriarche' of Sainte-Marie-aux-Mines," 154-155, 157-158; Hostetler, *Amish Society*, 45-47 を参照。
（４）アーミシュが誕生した経緯については、坂井『アーミシュ研究』40—71頁、Hostetler, *Amish Society*, 27-38; Milton Gascho, "The Amish Division of 1693-1697 in Switzerland and Alsace," *Mennonite Quarterly Review* 11 (1937), 235-266 を参照。
（５）アメリカへの移住については、坂井『アーミシュ研究』72—115頁、Hostetler, *Amish Society*, 50-70 を参照。
（６）今日のアーミシュ社会については、池田智『アメリカ・アーミッシュの人びと——「従順」と「簡素」の文化』（明石書房、１９９９年）116—119、141—167頁、坂井信生『聖なる共同体の人々』（九州大学出版会、２００７年）37—42頁を参照。

3 近世から近代を生き抜くメノー派

プロイセン、ドイツ、ロシア

永本哲也

「メノー派の請願点8　彼らとその子孫が永遠にあらゆる軍役から免除されること。何故なら、彼らの宗教の原則が軍役に付くことを絶対的に禁じているので。

決定：彼らは軍役の強制を免除される。[1]」

1535年のミュンスター再洗礼派の敗北後、迫害が厳しくなる中、低地地方再洗礼派の代表的指導者となったメノー・シモンズやディルク・フィリップスは、バルト海に沿ってドイツやポーランドへ向かった。こうして低地地方を離れたメノー派とその子孫たちは、その後数百年の間移住を繰り返すことになった。

宗教的少数派としての生活——近世西プロイセン[2]

16世紀半ば以降低地地方からの亡命者の主な受け入れ先になったのが、当時ポーランド王国に属していた西プロイセンだった。低地地方からやって来たメノー派の多くは都市の商人や手工業者や農村工業の生産者たちだった。彼らは、ダンツィヒやエルビングといった都市の港に上陸したが、居住には制限があった。ダンツィヒでは繰り返し再洗礼派の追放が行われたが、メノー派は都市近郊に定住した。彼らがダンツィヒ市内での居住を許可されたのは、ようやく１６５６年以降のことだった。

居住に制限が多かった都市に定住したメノー派は少数であり、彼らの主な入植先になったのはヴィスワ川河口地帯の低湿地だった。この土地を干拓し、利用可能にすることによって地代収入を上げるために、宗教的少数派だったメノー派も１５４７年以降入植を許され、干拓事業に携わった。18世紀末には１万３千人ほどのメノー派がこの地域に住んでいた。

ポーランドの国教会はカトリック、ダンツィヒなどの都市の国教会はルター派だったため、メノー派は西プロイセンにおいて異端的な宗教的少数派だった。そんな彼らの社会的地位を根拠づけたのは、彼らに与えられた特権だった。彼らは１５４７年にダンツィヒ市領の土地の世襲的保有権などの諸特権を与えられた。１６４２年には国王が、それまで施行されてきた特権を認め、メノー派を保護することを明言した特許状を発布した。

しかし、特権によって保護されたとはいえ、宗教的少数派たる彼らの社会的地位は、君主の交替や情勢の変化によってすぐに揺らぐ不安定なものだった。ダンツィヒ市領のメノー派はルター派から、新生児の洗礼やルター派への教会税支払い、市民軍への徴兵、メノー派の礼拝禁止命令などの圧力を繰り返し受けた。17世紀後半以降もメノー派は財産没収や寛容の停止などで脅かされたため、彼らを保護する国王の特許状が18世紀まで繰り返し出された。

しかし、彼らは居住が認められても、国教会に所属する多数派とは同じ権利を与えられなかった。完全な信仰の自由はなかったし、都市では市民権も得られず、就ける職業にも制限があった。他方、彼らは主流派から少数派として差別されていただけでなく、官職には就かず、宗教的著作や説教で故郷の言葉であるオランダ語を使い続け、自分たちで学校教育を行うなど、彼らの側も外の世界と距離を置いていた。

18世紀になるとポーランドでの彼らの地位は安定したが、１７７２年に西プロイセンがプロイセン王国に編入されたことが転機になった。フリードリヒ・ヴィルヘルム２世は、１７８９年に兵役免除は認めたものの、彼らによる新しい土地の購入を禁じた。これにより、既に過剰人口を抱えていたメノー派の多くは、新天地を求めて移住することになった。彼らの主な受け入れ先になったのはロシアだった。

その後もプロイセンに残り続けたメノー派は、１９４５年のソ連軍の占領後、デンマークやドイツ、ウルグアイ、カナダへと亡命することになった。こうして、長きにわたって西プロイセンに住み続けてきたメノー派は離散した。

宗教的少数派の集う場所　ドイツ諸都市

低地地方やライン地方のメノー派は、プロイセン以外にドイツの諸都市にも移住した。[3] 神聖ローマ帝国では近世を通じて再洗礼派は死をもって禁じられていたが、一部の領邦はメノー派などの宗教的少数派に庇護を与えるようになった。彼らが宗教的少数派の居住を認めたのは、プファルツやポーランド王と同様に、主に少数派がもたらす経済的利益を期待したためだった。

商業や産業の担い手として、様々な場所から宗教的少数派が集まった場所が、ハンブルクやアルトナ、クレーフェルトのような都市だった。ルター派都市ハンブルクでメノー派は、17世紀初めに税の支払いなどを条件に、合法的に居住することが認められた。アルトナでは1601年にシャウエンブルク伯によって居住権が与えられた。この特権はその後アルトナの君主となったデンマーク王によっても引き続き認められた。ハンブルクやアルトナでは、商業や造船業、捕鯨などで経済的に成功するメノー派も現れた。[4]

下ライン地方の改革派都市クレーフェルトでは、17世紀初めから周辺で迫害されたメノー派の移住が相次いだ。彼らは、都市君主のオラニエ公によって居住を認められた。1678年にはオラニエ公から、完全な市民権の獲得を認める特権を与えられた。18世紀初めにホーエンツォレルン家が都市の支配権を得た後も、メノー派の権利は引き続き認められた。クレーフェルトは絹や亜麻布産業や商業で繁栄したが、メノー派はこれに大きく貢献していた。[5]

また、新しく建造された都市が、宗派に関係なく移住希望者を募ることがあった。１６５３年に改革派のヴィート伯によって建造された新都市ノイヴィートでは、宗派にかかわらず移住者が集められた。都市建造直後の１６５９年には既にメノー派家族が住んでいたが、１６８０年に公式に宗教的自由を認める特権が与えられた。(6) １６２１年にシュレスヴィヒ＝ホルシュタイン公フリードリヒ3世によって建造されたフリードリヒシュタットは、はじめから複数の宗派の併存が認められていた。(7)

これらの諸都市は、メノー派だけでなく様々な宗教的少数派が集う場所だった。ルター派都市のハンブルクでは、メノー派以外にユダヤ人も住んでいたし、改革派の都市クレーフェルトには、クエーカー、ラバディ派、浸礼派、新洗礼派、ヘルンフート兄弟団が集まっていた。(8) ノイヴィートにはメノー派の後に霊感派やヘルンフート兄弟団がやって来た。(9) フリードリヒシュタットは、当初からレモンストラント派、メノー派、ルター派、カトリックが住んでおり、その後ユダヤ人、クエーカー、一時的にポーランドのソッツィーニ派や急進的な敬虔主義者たちもそこに加わった。(10)

こうして17世紀以降、これら宗派混交状態が認められていたドイツの諸都市にメノー派が住むようになった。彼らは、必ずしも完全な市民権や公的な礼拝を行う権利など主流派宗派の住民と完全な同権を与えられていたわけではなかったが、概ね安全な生活を営むことができた。

宗教的少数派から国民へ　近現代ドイツのメノー派

ドイツでも、次第に宗教的少数派に対する信教の自由が認められるようになっていった。[11] その過程で、メノー派はそれまでのように社会の異分子ではなく、他の宗派の信徒と同じ権利を与えられた国民になっていった。

こうして国民として安定した地位を得られるようになると、メノー派の側も次第に国家へ歩み寄っていくようになった。彼らは衣服や家族生活、仕事など他のドイツ人の生活様式を次第に受け入れたし、長らく礼拝などで保ち続けてきた故郷の言葉のオランダ語も19世紀末までには使わなくなった。[12]

しかし、メノー派の宗教的伝統が、国民としての義務と衝突することもあった。プロイセンを中心に作られた北ドイツ連邦では、1867年に特別な税の支払いと引き換えに兵役を免除されるという旧来の特権が失効した。そのため、北米へ移住する者が出た。

しかし、ナショナリズムが高まっていく時代的な雰囲気の中で、メノー派は次第に兵役を国民の義務として受け入れていくようになった。兵役では医療や兵站、輸送など非戦闘部門を選ぶこともできたが、次第に自ら武器を握って戦う者も出てきた。ナチスが政権を取った1930年代には、ほとんどのメノー派が進んで軍役に就いていた。こうして、メノー派は、ドイツという国家の国民として、次第に社会に統合されていった。

民族的少数派としての生活――ロシア・ソビエト連邦のメノー派(13)

ロシア皇帝エカテリーナ2世は、ロシアへの入植者を探しており、その招きに応じたドイツ人たちが18世紀後半からロシアへ移住してきた。1789年に西プロイセンを離れたメノー派たちの多くは、南ロシアに入植した。その数は1864年までに1万～1万2千人、全ドイツ系入植者の約1割に上った。冒頭で挙げた兵役免除の特権は、エカテリーナ2世治世下の1788年3月3日にメノー派に与えられたものだ。彼らは、皇帝から与えられた特権を基盤にして、南ロシアの農村で農業に携わった。

メノー派を含むドイツ系移民は、ロシアの周辺農村から距離を置いていた。彼らにとって忠誠を誓う対象は、ロシアという国家ではなく皇帝だった。メノー派たちは自治権を与えられ、一種の国の中の国を形成していた。彼らは故郷の言葉を使い続け、1871年になってもロシア語を話すことができなかった。このようにメノー派たちドイツ系移民は、民族的少数派としてロシア社会の中で孤立していた。

しかし、19世紀末になるとロシアの国家的統合を進めるために、ドイツ系移民の自治権が制限されるようになった。1874年に兵役免除が取り消され、1891年には教育が国家の管轄になり、学校でのロシア語教育が義務化された。ドイツ系移民を国民化しようというこれらの政策に不安を感じたために、約1万8千人のメノー派がアメリカやカナダへと移住した。

しかし、メノー派は交渉の末1875年に、兵役を海軍での非戦闘業務や消防活動、森林の管理などで代替できる特権を得た。国家からの圧力もありつつ、ロシアメノー派は第一次大戦までの時期には経済的・文化的繁栄を謳歌していた。

しかし、このようなメノー派の黄金時代は、1917年のロシア革命とソビエト連邦の成立によって終わりを告げた。革命後の内戦、飢餓と疫病によって多くのメノー派が犠牲になった。さらに、新政府は説教師や教師の言論を統制しようとするなど、教会と学校に圧力を加えた。このような苦境に追いやられ、1922年から30年の間に約2万5千人のメノー派がカナダ、メキシコ、ブラジル、パラグアイに移住した。

スターリンが強制移住を始めると、これに耐えられなくなったメノー派を中心とした約1万3千人が1929年にモスクワに行き移住許可を求めた。彼らのうち5千人はドイツへの移住を許され、その後ブラジルやパラグアイ、カナダへ移住していった。しかし、残りの8千人はモスクワから、故郷の南ロシアではなくシベリアやトゥルキスタンに送られた。

スターリン体制下で、民族的少数派のドイツ系移民は敵視され、土地や財産の没収、強制移住、逮捕、処刑などの迫害を受けた。1929年4月8日に宗教団体法が成立すると、ほとんどの宗教的活動が非合法化された。こうして多くの説教師や牧師が投獄追放され、説教が禁止され、教会や修道院が閉鎖された。1936年になると兵役を他の奉仕活動で代替することができなくなった。

ドイツとソ連が開戦した１９４１年にはソ連に約10万人のメノー派が住んでいた。彼らの５分の１はスターリンによって追放され、４分の１はドイツ軍が進撃してきたとき東部へと疎開した。約３万５千人が１９４３年に撤退するドイツ軍によって連行された。彼らのうち１万５千人は南米やカナダに逃れたが、２万人以上はその後ソ連に戻った。しかし、彼らは故郷ではなくアジア地域へ移住させられた。こうして、元々の入植地だった南ロシアのメノー派の大半は離散した。

第二次大戦が終わった後も、メノー派などのドイツ系移民の流出は続いた。１９６０年代末までにはドイツ系移民の立場はやや改善されたが、ドイツ系キリスト教徒への迫害は少なくともゴルバチョフの登場まで続いた。彼らの主な移住先は、それまでとは異なり、アメリカ大陸ではなくドイツだった。１９５１から２００４年の間に（旧）ソ連からドイツに戻ったドイツ系移民の数は２３０万人、そのうち約28万人がバプテスト―メノー派だった。このような度重なる移住の結果、ウクライナとロシアに住むメノー派は、２０１５年には約３５００人まで減っている。(14)

第二次大戦中から戦後にかけて起こった変化として、メノー派と他のプロテスタント諸派、特にバプテストとの関係が密接になったことが挙げられる。スターリンは１９４４年にそれまでの宗教弾圧を緩めた。それにより、福音派キリスト教徒、バプテスト、ペンテコステ派は、合同で福音派キリスト教徒―バプテスト全連合会議を結成した。ただしドイツバプテストとメノー派は禁じられたままだったために、多くのメノー派がバプテストや福音派キリスト教徒に加わることになった。しかし、結局メノー派も1963年に連合会議に参加を許された。そのため、ソ連やドイツに移住したバプテストの多くは元メノー派であり、両派はかなりの程度混交している。[15]

近世から近代を生き抜くメノー派

メノー派が生き抜いた近世から近代にかけて、彼らを取り巻く環境は大きく変化した。近世ではほとんどの支配領域で国教会が存在しており、宗教的少数派が居住できる場所は限られていた。しかし、主に経済的理由から宗教的少数派に特権を与え、居住を許す支配領域も少なからず存在した。彼らはそのような場所で、他の市民とは同等でないにせよ、一定の宗教的寛容を享受することができた。[16]

異なった法的地位にある多様な人々によって構成された近世の身分制国家は、近代に入ると次第に信教の自由や市民的平等が認められた近代的な国民国家へと変貌していった。その後彼らはもはや宗教的少数派として迫害されることはなくなったが、国民統合への圧力を受けたり、民族的少数派として迫害を受けたり、戦争や政治的混乱に巻き込まれるなど、様々な苦難が彼らを襲った。

しかし、理由はどうあれ、彼らは苦境を逃れるために、移住を繰り返すことになった。彼らは、低地地方からプロイセンやドイツ諸都市、さらにはロシアへと移動したが、多くの者の旅はそこで終わらなかった。ヨーロッパを逃れたメノー派が行き着いた先は、大西洋の向こう側、新大陸アメリカだった。

（1）D. H. Epp. *Die Chortitzer Mennoniten. Versuch einer Darstellung des Entwicklungsganges derselben* (Odessa 1889), 28.

（2）西プロイセンのメノー派については以下を参照。石坂昭雄「ヴェストプロイセンにおけるネーデルラント系メンノー派コロニーの形成とその経済活動（1525—1772）1〜3」『経済学研究』34（4）、（1985年）33—53頁；35（1）、（1985年）17—33頁；35（2）、（1985年）28—57頁；Peter J. Klassen, *Mennonites in Early Modern Poland & Prussia* (Baltimore 2009).

（3）北ドイツ諸都市のメノー派全般については以下を参照。Diether Götz Lichdi, "An Overview of Anabaptist-Mennonite History, 1525-1800," in *Testing Faith and Tradition. A Global Mennonite History Europe Series: Europe*. eds., John A. Lapp and C. Arnold Snyder (Intercourse 2006), 24-25. 各都市については、Global Anabaptist Mennonite Encyclopedia Online (GAMEO)（http://gameo.org/index.php?title=Welcome_to_GAMEO）や Mennonitisches Lexikon (MennLex)（http://www.mennlex.de/doku.php）の各都市の項目を参照。

（4）ハンブルクとアルトナのメノー派については以下を参照。Michael D. Driedger, *Obedient Heretics: Mennonite Identities in Lutheran Hamburg and Altona during the Confessional Age* (Aldershot 2002).

（5）クレーフェルトのメノー派については以下を参照。Wolfgang Froese (ed.), *Sie kamen als Fremde*.

Die Mennoniten in Krefeld von den Anfängen bis zur Gegenwart (Krefeld 1995); Peter Kriedte, *Taufgesinnte und großes Kapital. Die niederrheinisch-bergischen Mennoniten und der Aufstieg des Krefelder Seidengewerbes* (*Mitte des 17. Jahrhunderts*-1815) (Göttingen 2007).

（6）ノイヴィートのメノー派については以下を参照。Walter Grossmann, "Städtisches Wachstum und religiöse Toleranzpolitik am Beispiel Neuwied," *Archiv für Kulturgeschichte* 62-63 (1981), 207-232.

（7）フリードリヒシュタットのメノー派については以下を参照。Sem C. Sutter, *Friedrichstadt an der Eider: Ort einer frühen Erfahrung religiöser Toleranz*, 1621-1727 (Friedrichstadt 2012).

（8）クレーフェルトの宗派混交状態については以下を参照。Max Goebel, *Geschichte des christlichen Lebens in der rheinisch-westfälischen Kirche*, vol. 2 (Koblenz 1849), 697. クエーカーは17世紀半ばにイングランドで成立した非国教徒の一派。人の中で「内なる光」が働くこと重視し、徹底した非暴力主義を採る。、ラバディ派は、フランス人牧師ラバディを創始者とする敬虔主義の分派。「財産の共有や聖霊の働きの強調、幼児洗礼の否定など」を特徴としていた（『新カトリック大辞典Ⅳ』研究社、２００９年、１２３０頁）。浸礼派 Dompelaes は、１６４８年にハンブルク－アルトナのメノー派から分かれた分派。バプテストのように浸礼を行う。浸礼派については以下を参照。Neff, Christian and Nanne van der Zijpp. "Dompelaars." Global Anabaptist Mennonite Encyclopedia Online. 1956. Web. 29 Apr 2016. http://gameo.org/index.php?title=Dompelaars&oldid=131443 新洗礼派（ブレザレン教会）はシュヴァルツェナウで生まれたラディカルな敬虔主義の一派。幼児洗礼を否定し、信仰洗礼を行う。詳しくは以下を参照。ハンス・シュナイダー（芝田豊彦訳）『ドイツにおけるラディカルな敬虔主義』（関西大学出版部、２０１３年）104―111頁；Mallott, Floyd E. "Church of the Brethren." Global Anabaptist Mennonite Encyclopedia Online. 1953. Web. 29 Apr 2016. http://gameo.org/index.

php?title=Church_of_the_Brethren&oldid=115167 ヘルンフート兄弟団は、ボヘミア兄弟団の一派モラヴィア兄弟団。18世紀にヘルンフートに移住しツィンツェンドルフ伯の保護を受けるようになると敬虔主義の影響を受けるようになった。

（9）霊感派はラディカルな敬虔主義者の一派。霊感を吹き込まれ恍惚となり預言することが特徴。霊感主義については以下を参照。シュナイダー『ドイツにおけるラディカルな敬虔主義』、121―128頁。

（10）レモンストラント派は、17世紀初めに成立したアルミニウスの教えを支持する改革派の一派。二重予定説を否定し全キリスト教徒が救済されると見なした。ソッツィーニ派はイタリアで生まれ１５８０年以降ポーランドで活動した神学者ソッツィーニの反三位一体論を支持する人々。さらに、フリードリヒシュタットには、様々な敬虔主義者がやって来た。例えば、「天使的な兄弟たち（ギヒテル主義者）」の指導者オットー・グリュージングだ。当地の敬虔主義者については以下を参照。Sutter, *Friedrichstadt an der Eide*, 211-226.

（11）１８７１年までは統一的な国民国家として「ドイツ」は存在せず、宗教関連の法制度も国によって異なっていた。例えば、プロイセンは１７９４年に公布された一般ラント法で国民に完全な信仰と良心の自由を与えている。ただし、カトリック、ルター派、改革派教会は特権的な地位を与えられ、他の宗教団体と区別された。三教会以外の分派にも宗教団体結成を認めたのは１８４７年に出された新宗教団体結成に関する特許状であり、同年にメノー派も法人権利を認められている。プロイセンの宗教団体法については以下を参照。笹川紀勝「ドイツの宗教団体法制度の歴史的な特徴」（『国際基督教大学学報 II―B 社会科学ジャーナル』31（1）、１９９２年）1―24頁。

（12）近現代ドイツのメノー派と国家の関係については以下を参照。James Jakob Fehr and Diether Götz Lichdi, "Mennonites in Germany," in *Testing Faith and Tradition*, 97-152.

（13）ロシアのメノー派については以下を参照。John N. Klassen, "Mennonites in Russia and their Migrations," in *Testing Faith and Tradition*, 181-232; Krahn, Cornelius and Walter W. Sawatsky, "Russia." Global Anabaptist Mennonite Encyclopedia Online. February 2011. Web. 4 Dec 2016. http://gameo.org/index.php?title=Russia&oldid=131482

（14）Mennonite World Conference (ed.), *World Directory 2015*. https://www.mwc-cmm.org/article/world-directory [4 December 2016]

（15）ソ連のメノー派とバプテストの関係については以下を参照。Klassen, "Mennonites in Russia and their Migrations," 210-230; Walter W. Sawatsky, "All-Union Council of Evangelical Christians-Baptists." Global Anabaptist Mennonite Encyclopedia Online. 1987. Web. 2 May 2016. http://gameo.org/index.php?title=All-Union_Council_of_Evangelical_Christians-Baptists&oldid=74647

（16）近世から近代にかけてのメノー派と国家の関係については以下を参照。Michael Driedger, "Anabaptists and the Early Modern State: A Lomg-Term View," in *A Companion to Anabaptism and Spiritualism, 1521-1700*, eds., John D. Roth and James M. Stayer (Leiden and Boston 2007), 507-544.

4 フッター派の５００年

財産共有と無抵抗主義を守りぬく

早川朝子

「１６１８年11月29日の早朝４時に、巨大な彗星が東の方向に現れた。ほとんど見たことのないような長い尾を伴っていた。［中略］これを人々は四週間もの間、上述の11月29日より、12月末に北極星のあたりで消滅してしまうまで、たいへんな驚きと恐怖をもって眺めた。これが何を意味するのか、その時は明かされなかったが、それを我々は続く何年かの間に、たいへんな困苦、苦悩、不安、驚愕、心痛をもって体験することとなった。」(1)

モラヴィアを後にして

モラヴィアでは16世紀後半にフッター派が黄金時代を迎えていた。各集落（Bruderhof）では、信徒一人一人が共同体のために勤勉に働いた。各自が労働で得た利益はすべて共同体が一括して管理し、必要なものは共同体より支給された。男性と女性とでは与えられた役割が異なり、男女が日常生活の中で交流することは稀だった。食事も男女別に、共同の食卓についた。子供は親から引き離され、共同体の運営する学校で養育された。私有財産や家庭を築くことのできない生活に失望し、共同体を離れる信徒もいたが、「使徒行伝」にあるような財産共有の実践は、外部から多くの信徒を惹きつけた。またフッター派の勤勉さや手工業技術は、在地の領主たちの間で高く評価され、共同体に雇用の機会とより一層の富をもたらした。(2)

しかし16世紀末には、フッター派の繁栄に翳りがみえ始めた。(3) カトリック改革の進展は共同体の存続を困難にした。さらにはオーストリアとトルコとの戦争が、共同体に多くの損害をもたらした。多額の資金提供を強要されただけでなく、牛馬やその他の物資を軍隊が徴発していった。戦争への協力は、無抵抗主義を信条とする信徒たちにとって耐え難いことだった。そこへ敵のトルコ軍がモラヴィアに侵攻すると、貯蔵してきた食糧は食い荒され、建物は破壊・放火された。また多くの信徒が殺害されたり、トルコへ連行されたりした。

1618年に勃発した三十年戦争は共同体をさらに苦しめた。モラヴィアに進駐した皇帝軍は掠奪を繰り返し、その極悪非道ぶりは異教徒のトルコ軍以上だった。皇帝軍がヴァイセンベルクの戦いに勝利すると、カトリック化が断行された。1622年9月、フッター派に対する追放令が出された。信徒たちは、カトリックに帰依しないならば、四週間以内にモラヴィアを去らなくてはならなかった。またその際に何一つ携えてはならず、作物や家畜など、勤勉な労働の成果はすべて失われた。

こうしてモラヴィアを追われたフッター派は東方へと移動し、最終的に新大陸へ渡ることとなる。冒頭の引用に記された彗星は、安住の地を求めて放浪する、その後の信徒たちの苦難を暗示するかのようだった。

ハンガリーで過ごした１５０年

信徒たちはまずハンガリー（今日のスロバキア）へ向かった。当地では、１５４６年の二度目の迫害時にモラヴィアを離れた信徒たちが、すでにサバティッシュなどにフッター派の集落を建設していた。以前からその勤勉さが評判となっていたフッター派の移住は、ハンガリーの領主たちから歓迎され、信徒の増加に合わせて新たに集落が建設された。ところが、ここでも軍隊が頻繁に往来し、信徒たちは引き続き迫害と窮乏に苦しめられた。

図 25　サバティッシュのフッター派教会

それでも17世紀半ばには、

長老（Vorsteher/Bischof）アンドレアス・エーレンプライスのもと、短期間だが、フッター派はかつての隆盛を取り戻すことができた。エーレンプライスは、貪欲を戒め、沈滞していた信徒たちの信仰生活を律した。フッター派の信徒以外との結婚を禁じ、規律を乱した者に対する破門を徹底した。また伝道活動にも力を注いだ。1651年にエーレンプライスの制定した教団規則（Gemeindeordnung）は今日でも使用され、また今日のフッター派の精神生活を支えている説教の多くが、この時代につくられている。

1662年にエーレンプライスが死去すると、共同体内の規律が乱れ始めた。派手な服装をして飲酒をするなど、俗世と変わらない生活をする者が出てきた。16世紀後半に開始されたフッター派の記録編纂事業は、1665年までで一度中断された。そして何よりも、信徒たちはもはや共同体のために働かなくなり、割り当てられた仕事をこなしてさえいればよいという風潮が支配した。共同体への愛と奉仕の精神や勤勉さは失われた。このようなことになった要因の一つに、三十年戦争で大打撃を受けた者たちが、主として経済的な理由からフッター派に加わったことが挙げられる。結果として17世紀末には、フッター派の特色である財産共有が行われなくなっていた。財産を私的に蓄えてはならないとなると、信徒たちはますます怠け、必要以上に働こうとはしなくなった。

共同体は財産共有を停止した状態で、一世紀ほど信仰の低調な時期を過ごすと、イエズス会から激しい迫害を受けるようになった。ハンガリー領内のカトリック化を強力に推進する、女帝マリア・テレジアの政策によるものだった。信徒たちは幾度となく、再洗礼の信仰の放棄とカトリックへの回帰を迫られた。イエズス会士の説教を聞かされ、カトリックの礼拝への出席を促されたこともあったが、そのたびに信徒たちは激しい論戦を展開し抵抗した。１７５９年11月には、サバティッシュなどいくつかの集落を一斉に襲撃する計画が立てられていた。事前にこのことを知った信徒たちは、貴重な書物を予め安全な場所に隠すことができた。

頑に改宗を拒む信徒たちに対して、さらに強硬な手段がとられた。フッター派は見つかり次第捕縛され、牢獄に投げ込まれた。ただ獄中に留め置くだけでは全く効果がなかったため、カトリックへの改宗に応じるまで鞭打ちが加えられることとなった。これは効果を発揮し、苦痛に耐えかねて改宗を約束する信徒が続出した。再洗礼の信仰に固執する者は、鞭でさんざん打ちのめされ、獄死した。この時カトリックに改宗した人々はハーバナー（Habaner）と呼ばれ、20世紀前半までその子孫をスロバキア西部の集落に確認することができた。

トランシルヴァニアからロシアへ

ハンガリーで壊滅状態となったフッター派は、トランシルヴァニアで生き延びた。そもそもトランシルヴァニアのアルウィンツにフッター派の集落が形成されたのは、１６２１年に強制的に移住させられたことによる。迫害を逃れてハンガリーにひとまず落ち着いた信徒たちのもとへ、トランシルヴァニアからの使者がやって来て同地への移住を勧めたのだったが、信仰と職業の自由を保証し彼らを暖かく迎え入れるとの申し出に、信徒たちはかえって半信半疑となり、容易に応じようとはしなかった。そこでその使者は２００人ほどの信徒を捕らえて無理やり連れて行ったのだが、この強制移住が結果として、18世紀後半に消滅しかかったフッター派の信仰と伝統を守ることとなった。

トランシルヴァニアに到着した信徒たちは、約束通り親切な歓待を受け住む土地を与えられた。アルウィンツの集落は、１００年以上が経過した後も小規模なものに留まり、18世紀前半に流行した黒死病がさらに信徒数を減少させていたが、１７６０年頃に、オーストリア南部のカリンティアを追われたルター派信徒の一団が加わった。

間もなくここでも迫害が激しくなった。ハンガリーでの成功に気をよくしたイエズス会が、トランシルヴァニアでも再洗礼派の一掃に乗り出したのだ。カトリックに改宗する信徒もいたが、再洗礼の信仰を守ろうとする者は、信教の自由と広大な土地を求めて、オーストリアの支配領域を離れることを決意した。

信徒たちは、オスマン帝国の支配下にあったワラキアを亡命先に選び、１７６７年10月に旅立った。この逃避行は困難を極めた。ところが、新たな入植地に落ち着いて間もなく、露土戦争が勃発した。ワラキアがロシア軍に占領されると、信徒たちは、ロシアが黒海北岸に獲得した新たな領土、ウクライナへ向けて、再び難儀な旅をすることとなった。１７７０年４月のことだった。

ウクライナではヴィシンカに入植したが、１８０２年にラディチェワに移った。代替わりをしたヴィシンカの領主がフッター派を農奴にしようとしたからだ。いずれの地でも信徒たちは、入念に組織化された集落を形成し、豊かな生活が送れるようになった。時の長老ヨハネス・ヴァルトナーは、フッター派の伝統を重んじ、中断していた記録編纂事業を１７９３年に再開した。

しかしながら、ヴァルトナーの意に反して、間もなく財産共有が廃止された。それを復活させようと指導者たちが動き始めたのは、およそ40年後、信徒たちがメノー派の支援を受けて、１８４２年にロシア南部に移住した後のことだった。その地でいくつかの集落が建設され生活は安定したが、精神的に何かが欠けていた。そうした中で、フッター派のキリスト教信仰の基盤である財産共有が想起されたのだ。

北米へ

ロシアでは国家主義的傾向が強まっていき、すべての人々にロシア語の使用と兵役が義務づけられると、フッター派やメノー派の再洗礼派は居づらくなり、新たな亡命先を模索し始めた。そこで候補に挙がったのが、広大な未開墾地を有し入植者を求めていたアメリカだった。

１８７３年に調査団が派遣され、その翌年から信徒たちが海を渡り始めた。(4)

フッター派はサウスダコタ州に入植し、三つの集落に分かれて定住した。それぞれの指導者の名前や職業に因んで、シュミード群（Schmiedeleut）、ダリウス群（Dariusleut）、レーラー群（Lehrerleut）と呼ばれ、その三つを母体に集落数を増やしていった。第一次世界大戦が勃発すると、徴兵されたフッター派の青年二人が殉教するという事件が起きた。彼らは、無抵抗主義の立場から軍務に服そうとせず、軍服の着用すら拒否したため、獄中の劣悪な環境に長期にわたって拘束され、病に倒れたのだった。これを機に、信徒たちの多くがアメリカを見限りカナダへ移住した。

その後は比較的順調に発展し、当初は５００人に満たなかった信徒数が、今日では４万を上回る。集落数も４６０を超え、カナダのアルバータ州、マニトバ州を中心に分布している。各集落では、主として農業が営まれ、信徒たちはそれぞれに割り当てられた労働に従事する。共同体全体での子供の養育や男女別の共同の食卓など、16世紀当初とほとんど変わらない形で、財産共有が実践されている。生活は質素で服装もシンプルだが、農業経営には、アーミシュの場合と異なり、高度な機械や先端技術が採り入れられている。

（１）A. J. F. Zieglschmid (ed.), *Das Klein-Geschichtsbuch der Hutterischen Brüder* (Philadelphia 1947), 129.
（２）Claus-Peter Clasen, *Anabaptism. A Social History*, 1525-1618, *Switzerland, Austria, Moravia, South and Central Germany* (Ithaca/London 1972), 260-275, 283-292.
（３）16世紀末以降のフッター派については、榊原巌『殉教と亡命――フッタライトの四百五十年』（平凡社、１９６７年）160―290頁、John Horsch, *The Hutterian Brethren* 1528-1931: *A Story of Martyr-*

dom and Loyalty (Cayley 1974), 51-114; Robert Friedmann, John Hofer, Hans Meier and John V. Hinde, "Hutterian Brethren (Hutterische Brüder)," *Global Anabaptist Mennonite Encyclopedia Online*. 1989. Web. 4 Sep 2014. http://gameo.org/index.php?title=Hutterian_Brethren_(Hutterische_Br%C3%BCder)&oldid=121144 を参照。

（4）北米移住後については、坂井信生『聖なる共同体の人々』（九州大学出版会、２００７年）92―135頁も参照。

5 真の信仰は決して強制され得ない

シュヴェンクフェルト派の形成

「教会の信徒になることを望む全ての者は、全てのものごとに関して依って立つ適切かつ承認され、かつ信徒たちの団結を生み出す理想に専心しなくてはならない。」(1)

山本大丙

１７８２年、新大陸へと移住したシュヴェンクフェルトの思想を信奉する人々は、自らの教会の指針を起草した。上の言葉はその第一項だ。こうしてシュヴェンクフェルト派は、運動が勃興したヨーロッパではなくアメリカ合衆国で宗派として出現した。現代でも、シュヴェンクフェルト派は数こそ少ないものの、他の宗派とは異なる信仰をペンシルベニア州のフィラデルフィアを中心として維持している。だが、宗教改革期に出現したシュヴェンクフェルトの思想が現代においても残存しているということは、ほとんど奇跡に近い出来事といってよい。

カスパー・シュヴェンクフェルト・フォン・オシッヒは、１４８９年にシレジアで貴族の子として生まれ１５６１年にウルムで没した。シュヴェンクフェルトが誕生した時、ヨーロッパはコロンブスによるアメリカ大陸到達以前だった。彼自身、自らの思想がヨーロッパではなく未知の大陸で維持されることになるとは思いもよらなかっただろう。この事実はシュヴェンクフェルトの信奉者が宗教改革の時代から辿った紆余曲折を示す。この宗派は再洗礼派と比較してすら信徒数が少ない。まさに、彼らは少数派の中の少数派といってよい。その思想はどことなく再洗礼派を連想させ、オランダ共和国のコレギアント派のような、一部再洗礼派とかぶる宗教運動にも影響を与えた。(2)

ルターとの決別

シレジア貴族出身のシュヴェンクフェルトは多くの大学で学んだが、学位を取ることはなかった。彼が信仰に目覚めたのは1519年頃、後に彼が「訪問」(Heimsuchung)と呼ぶことになる神秘的経験をした時だった。以後、その経験は彼の思想を規定してゆく。なお、彼が「訪問」を経験するのはこれが最後ではない。シュヴェンクフェルトの初期の作品はルターの影響が色濃い。リーグニッツ公の宮廷貴族だった彼は宗教改革に邁進してゆく。だが、1524年頃から聖餐をめぐりルターと対立する。彼はルターの共在説（聖餐におけるパンと葡萄酒は全質的には変化しないがキリストの体と血が宿っているという考え方）に批判的な立場を取る。シュヴェンクフェルトにとって、真の聖餐は内的かつ霊的なもので、その儀式は人間が経験する内的聖餐の象徴なのだ。1526年にはルターとの決裂はより深刻化した。シュヴェンクフェルトを批判するルターの手紙に応えて、彼をはじめとするリーグニッツの改革者は、聖餐を一時停止したのである。こうした中、シュヴェンクフェルトは１５２９年にはシュトラースブルクに向かう。ここで彼は、カピト、ブツァーといった改革者や再洗礼派のピルグラム・マルペックやメルヒオール・ホフマンと交流を持ち、その幾人――例えばブツァーやマルペック――とは論争を繰り広げた。また、彼は少なくとも一度ベルンハルト・ロートマンと会っている。

再洗礼派の生活態度を彼はある程度評価したらしい。両者の間には暴力や戦争の否定あるいは、現世の教会に対する失望や嫌悪という点で共通点が見出される。もっとも、貴族出身でエラスムス的な思想を持っていた彼は、再洗礼派をあまりにも頑固で狭隘だと考えていた。シュヴェンクフェルトは幼児洗礼を否定はしたが、信仰洗礼は認めなかった。この点には、彼の心霊主義的傾向が強く見られる。彼にとって真の宗教とは霊による人間の内的な改革なのだ。重要なのは、内面的な心の状態であり、外的な儀式は大きな意味を持たない。彼の考え方では、自覚的な信仰に基づく洗礼を唱えた再洗礼派ですら、外的なものごとに捉えられて真の信仰を見失っている。再洗礼派との対立は１５３０年以降深まってゆき、やがて１５４０年代から50年代にかけて生じた、マルペックとの論争を経て決定的なものとなった。シュヴェンクフェルトは、１５３３年以降アウクスブルクへその後ウルムへと向かう。ここで彼は宗教改革者マルティン・フレヒトと論争を起こし、１５３９年には近隣のユスティンゲン・エーフィンゲンへと逃れている。

霊と人間の内面の重視

この時代において心霊主義者は少なくなかったが、霊と人間の内面の重視という点においてシュヴェンクフェルトは際立っていた。その姿勢は当時のカトリック、プロテスタントあるいは再洗礼派とは決定的に異なる。当時、プロテスタントという新しい勢力、そしてそれに伴う新教と旧教の対立は西欧の社会に大きな変化をもたらしていた。この対立においては、自分の宗派が敵対するグループのそれと異なる点を明確に示す必要がある。こうした中、カトリックもプロテスタントも自らの信条を規定する信仰告白や教理問答を造り上げ他者との差別化を図った。それはまた、既存の政治権力を認めない再洗礼派も決して例外ではない。このため、宗教史では16世紀後半から17世紀前半は所謂「宗派化」の時代と捉えられる。しかし、シュヴェンクフェルトは信仰基準の文書化に全く関心を持たなかった。彼にとって、本当の信仰とは霊を宿すことから生まれるのであって、学習により生まれるのではない。したがって、人間の作り上げる教理問答は全く意味をなさない。聖書ですら、シュヴェンクフェルトは心霊主義的に考えた。霊の導きなしではそれは決して正しく解釈されないのだ。こうした考え方に立つシュヴェンクフェルトは宗教の強制を強く非難する。真の信仰は決して強制され得ないのだ。彼はやがて訪れる真実の教会を夢見ていた。他方、実在の「教会」――それがカトリックであれプロテスタントであれ――には否定的だった。真の教会を自認する人々が行う信仰の「押しつけ」は、彼の心霊主義的な思想からすれば宗教からの逸脱だった。

シュヴェンクフェルトはシレジアや南ドイツでは一定数の信奉者を獲得した。ただし、信徒たちは宗派というよりはむしろある種のサークルもしくはネットワークを形成した。説教師や牧師は当時のこの宗教グループにはいなかったようだ。また、彼の著作はリガからイングランドまで地下レベルでしかし幅広く流通したという。どことなく近代的な響きを持つ考え方を内包しつつも根本において神秘主義的かつ心霊主義的なシュヴェンクフェルトの信仰は、彼の意思の下に集った人々からすれば実に曖昧で遵守困難だった。シュヴェンクフェルトは信奉者を集めて自らのセクトを形成することには無関心だった。そもそも信徒たちの集合に自らの名を冠すなどという行いは、彼によれば虚栄であり否定されるべきだった。こうしたこともあって、三十年戦争の最中、南ドイツではシュヴェンクフェルトの信奉者はほとんど姿を消し、17世紀の終わり頃には彼らは南シレジアの村々に千人前後が居住するのみとなった。[3]

新大陸へ

やがて彼らには転機が訪れる。１７２０年代、神聖ローマ帝国皇帝カール６世は彼らをカトリックに改宗させるためイエズス会士たちをこの地域へと送り込んだ。また、ルター派の伝道師たちもこの地域での活動を活発化させていた。それらの活動は決して根気強い説得によってのみ成り立っているわけではなかった。シュヴェンクフェルト派の人々は代表をウィーンの宮廷へと送り寛容を訴えたが、20年代中葉には自らの信仰を守るためにはこの地を去る必要があることは明白となっていた。彼らは敬虔主義者にしてその寛容さで知られていたニコラウス・フォン・ツィンツェンドルフ伯を頼り、ヘルンフートと呼ばれる伯の領地へと一時的に逃れた。だが、シュヴェンクフェルトの信奉者たちはここで困った事態に直面する。通うべき教会が見つからないのだ。「シュヴェクフェルト派」の人々は何らかのアイデンティティを当時形成していたがそれは曖昧なもので組織だった教会も持っていなかった。かといって独自の信仰を捨てることはできない。逃れた地でも不安定な宗教生活は続いたのだ。彼らは再び移住を検討したが、旧大陸に安息の地はありそうもなかった。

そうした中、彼らは新大陸への移民を決意した。[4] 既に１７３１年から、ごく少数ではあるがアメリカへと渡る者がいた。最大規模の移住は１７３４年に行われた。この年の四月、１７０名ほどの信徒たちがエルベ川を下りハンブルクへと向かった。アムステルダム、ハールレムを経てロッテルダムに到着した彼らが乗り込んだ船はプリマスに立ち寄った後大西洋を横断し、九月の終わり頃にフィラデルフィアに到着した。つらい旅路の過程で、彼らは様々な土地の再洗礼派信徒の援助を受けている。信仰は異なるものの、両者の間には親近感が維持されていたようだ。その後も移住が行われたが、これに比べればはるかに小規模だった。旧世界に残った信徒たちは宗派として生き延びることができなかった。１８２６年、ヨーロッパで信仰を守った最後の信徒がこの世を去った。今やシュヴェンクフェルト派はアメリカにのみ見られる宗教グループとなった。

新大陸に到達した信徒たちは、一点においてシュヴェンクフェルト自身の精神から離れてゆく。彼らは教会を組織し信仰箇条を整えていったのだ。それ以前の「シュヴェンクフェルト派」は水平的なつながりに基づくサークルのようなものに過ぎなかった。既に見た通り独自の宗派あるいは教会を造り上げるなどということは当時の信徒たちからすればまずあり得ないことだった。だが、移民後の混乱の中で信徒たちはよりはっきりした信仰を必要としていた。やがて、信仰の基準が作られるようになる。これに向けた動きはアメリカ到着以後から顕著に見られたが、やはり重要なのは1782年の教会指針だろう。これによって、ともすれば消滅しかねない少数派の信仰はその後も存続してゆく。信徒たちはこの指針の下に団結し、ここに宗派としてのシュヴェンクフェルト派が出現した。彼らの決定はシュヴェンクフェルト本来の精神からの離脱と捉える向きもあるかもしれないが、それだけを強調することはできない。彼の思想はそれ以前には不明瞭なかたちでしか伝えられていなかった。アメリカのシュヴェンクフェルト派は、次から次へと彼の著作を編纂しその思想を再構築していった。こんにち、シュヴェンクフェルトの思想を知ることができるのも彼らの努力による。皮肉なことだが、宗派的心情に違和感を持っていたシュヴェンクフェルトの思想は、まさに自らのグループが独立した宗派として形成されたためにより詳細に明らかにされたのだ。それでも、今日のシュヴェンクフェルト派は信仰において他者の強制によるのではない霊的な自由を重んじている。

シュヴェンクフェルトに端を発する運動の経緯は様々なことを教えてくれる。既に16世紀には、信仰の強制に対する批判の声が上がっていた。しかも、それは他ならぬ宗教的な運動を展開した人々によって上げられていたのだ。また、シュヴェンクフェルト派の移住は、信仰告白というものが特定の宗教集団を維持する上でいかに強力であるかを物語る。同時にそれは、少なくともキリスト教のマイノリティ同士の間では考え方の違いを超えた協力や助け合いが行われることをも示している。シュヴェンクフェルトは再洗礼派に対し批判的だった。それでも、再洗礼派信徒は移住の際に彼らを援助している。その事実が我々に語りかけることは、もしかしたらとても大事なことかもしれない。

（1）H. W. Kriebel, *The Schwenckfelders in Pennsylvania : A Historical Sketch* (Lancaster 1904), 74.

（2）コレギアント派への影響については以下を参照。A. Fix, *Prophecy and Reason: the Dutch Collegiants in the Early Enlightenment* (Princeton 1991), 89.

（3）シュヴェンクフェルトの思想とその一生に関しては以下が詳しい。R. Emmet McLaughlin, *Caspar Schwenckfeld: Reluctant Radical: his Life to 1540* (New Haven 1986).

（4）シュヴェンクフェルト派の人々が新大陸へ移住する過程とその後の宗派の発展に関しては以下の文献を参考にした。Peter C. Erb (ed.), *Schwenkfelders in America* (Pennsburg 1987).

地図2　ヨーロッパ外での再洗礼派の主な移住経路

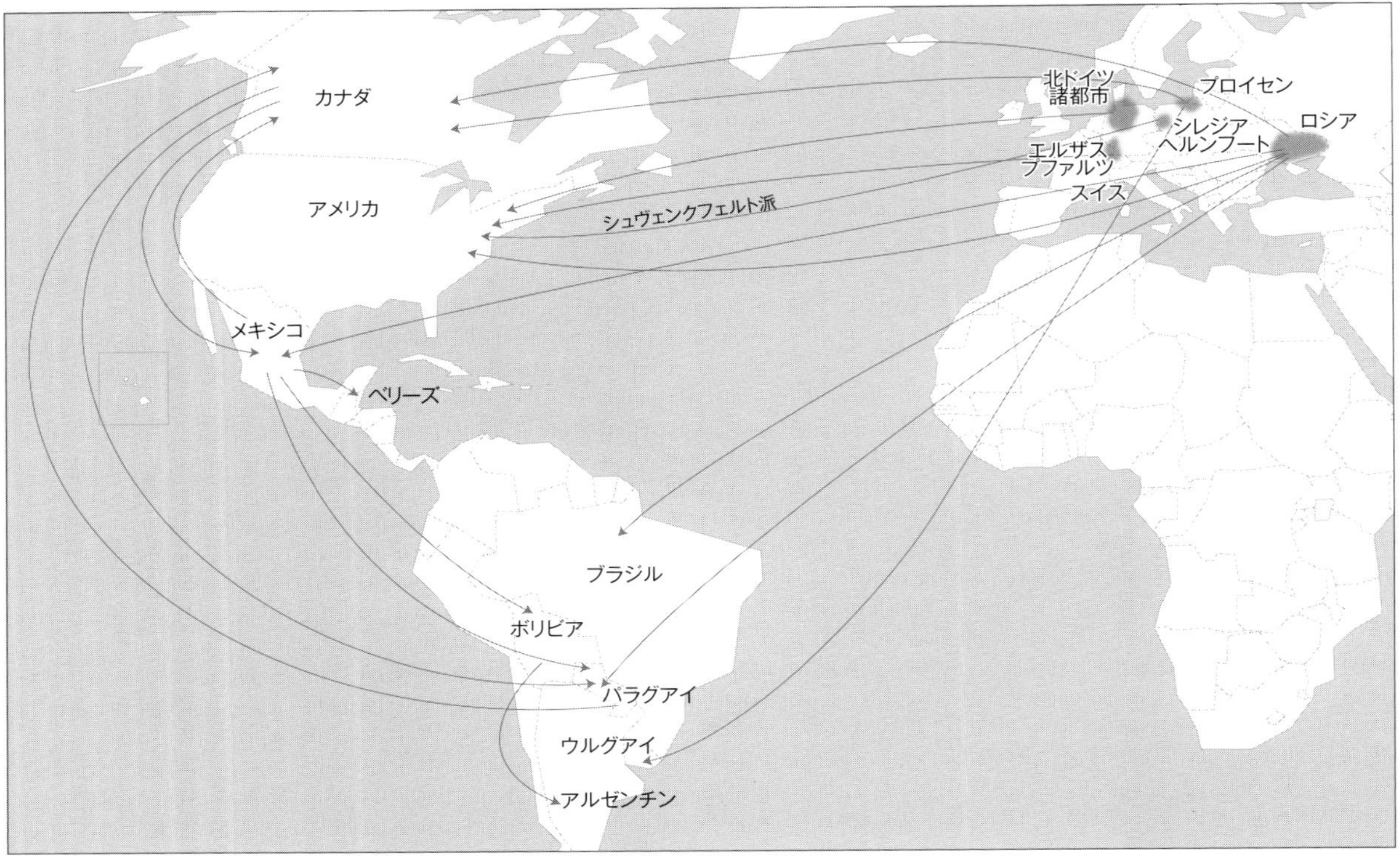

地図１　ヨーロッパ内での再洗礼派の主な移住経路

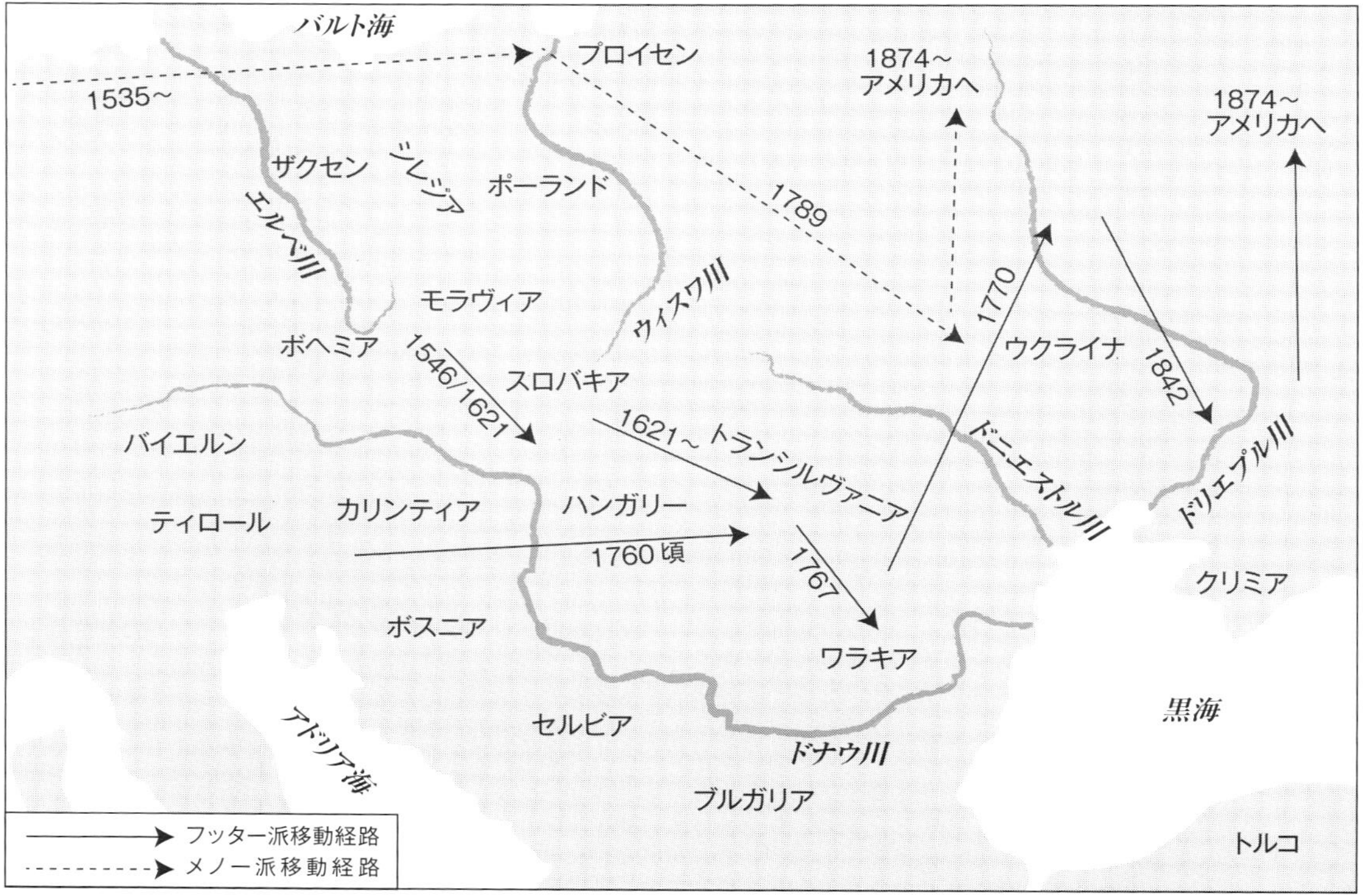

6 自由な社会の市民として生きる

アメリカ、カナダの再洗礼派

永本哲也

「メノナイト中央委員会（ＭＣＣ）は、再洗礼派教会の世界的な機関です。ＭＣＣは、人々の基本的なニーズに応え平和と正義のために働くことを通して、キリストの名において全ての人々に向けられた神の愛と憐れみを分かち合います。私たちは、神やお互い、創造されたものと正しい関係を結ぶ世界的な共同体を思い描いています。(1)」

ヨーロッパから北米への移住(2)

16世紀前半のスイスやドイツ、低地地方で生まれた再洗礼派は、迫害を逃れるために移住を繰り返した。しかし、オランダのような例外的な場所を除き、宗教的少数派だった彼らが長きにわたり安住できる場所は近世を通じてヨーロッパにはなかった。迫害され続けた彼らが行き着いた先は、新大陸アメリカだった。

北米へのメノー派の移住が始まったのは１６８３年のことだ。これ以降、下ライン地方などドイツ出身のメノー派約百人が、他のドイツ移民達とともにペンシルベニアのジャーマンタウンへ徐々に入植した。[3] しかし、彼らの移住が本格化するのは18世紀に入ってからだ。１７０７年から18世紀半ばにかけて、メノー派とアーミシュ３千から５千人がスイス・南独からペンシルベニア東部へ移住した。彼らの一部は１７８６年以降カナダのオンタリオにさらに移住した。これがカナダ入植の始まりだ。

アメリカが彼らに提供したのは、信仰の自由と豊富な土地だった。彼らが移住したペンシルベニアは、植民地として成立した１６８１年から、イングランドで迫害されていたクエーカーなどの宗教的少数派の居住を許した場所だった。再洗礼派たちは、兵役を国家から強制されることなく、信仰の自由を謳歌することができた。また彼らは、故郷では子孫のための農地を獲得することが難しくなっていたが、アメリカでは土地を手に入れることができた。

次の移住の波は、19世紀に入ってから生じた。ドイツでも平等な市民によって構成される近代国民国家を作ろうという動きが強まり、成人男子が兵役免除を得ることが難しくなってきた。このような市民化に反対したメノー派やアーミシュは南独から、兵役免除と新たな土地が約束されたアメリカへやって来た。１８１７から60年の間に３千人のアーミシュと７００人のメノー派が中西部へと入植した。

これまでの入植者は主にスイス・南独出身だったが、19世紀末以降は低地地方からプロイセン、ロシアへ移住したオランダ・北独系メノー派が中心になった。彼らがロシアを離れたのは、国家からの兵役や公教育の強制を逃れるためだった。１８７４から80年にかけてメノー派やフッター派がカナダのマニトバとアメリカ中西部へ移住した。

ヨーロッパから北米に入植した再洗礼派たちは、その後も移動を続けた。19世紀にアメリカが西方へと広がると、多くの人々が西のフロンティアへと移動していった。再洗礼派たちも人々の流れに乗り、19世紀を通じてアメリカを西進し、19世紀末にはカリフォルニアに到達した。カナダのオンタリオやマニトバに入植したメノー派の一部も、19世紀末以降、西のサスカチェワンやアルバータへと移住した。

第一次世界大戦とロシア革命後の混乱を逃れ、多くのメノー派がソビエト連邦からカナダとパラグアイへ移住した。第二次世界大戦と戦後の混乱期にも、ソ連からカナダへと多数の移住者が出た。苦境に陥っていたソ連のメノー派たちは、メノナイト中央委員会（ＭＣＣ）をはじめとする各地のメノー派の支援を受けながら移住を行った。

こうして再洗礼派たちは、最初の入植地のペンシルベニアからアメリカ、カナダ全土に居住地を広げていった。

北米再洗礼派の多様性

17世紀以降北米に入植し、各地へ広がっていった再洗礼派だったが、彼らは一枚岩ではなかった。

北米再洗礼派最大の宗派はメノー派だ。メノー派内部は、考え方や出身の違いによって様々に分かれていた。北米メノー派が作る主要な組織は、19世紀以来長らくメノナイト教会（MC）、ジェネラル・コンフェレンス・メノナイト・ブレザレン（MB）の三つだった。[4] MCは最も古い組織で主にスイス・南独系メノー派とアーミシュによって構成され、比較的保守的な傾向を持っていた。GCは1860年にスイス・南独系メノー派によって結成され、後にロシア系メノー派のほとんどが加わった。比較的進歩的な立場を取った。MBは1860年にロシアで結成され、北米に移住した信徒が再組織化してできた。彼らは敬虔主義の影響を受けており、リバイバリズム的性格を持つ。この三団体は長い間北米大陸全体を包括していたが、1999年にMCとGCが合併した後USAメノナイト教会とカナダ・メノナイト教会に、2002年にMBがアメリカとカナダに分かれた。これ以外にも、様々なメノー派の集団が存在している。敬虔主義とウェスレーのリバイバリズムに影響を受けたペンシルベニアのメノー派が18世紀末に結成したキリスト兄弟団（BIC）、旧来の伝統を保ち続けようと1870年代にMCから分離したオールド・オーダー・メノナイトもその一派だ。[5]

1693年にスイス・南独でメノー派と決裂したアーミシュも18〜19世紀にその多くがアメリカに渡った。アーミシュは1860〜70年代に刷新を求める進歩派と伝統を堅持しようとするオールド・オーダーに分裂した。自動車や電話やテレビなどのテクノロジーを使わず、昔ながらの服装や生活を保つオールド・オーダー・アーミシュは、映画『刑事ジョン・ブック 目撃者』や多くの本で取り上げられているため、日本でも良く知られている。進歩派アーミシュは後にＭＣに加わった。１９２７年には教会堂使用など一部の刷新を求めたビーチー・アーミシュが、オールド・オーダーから離脱している。

フッター派は16世紀にモラヴィアで生まれた再洗礼派の一派だったが、１８７４年以降にロシアから北米に移住し、カナダのマニトバとアルバータを中心とした北米各地の農村に居住している。彼らは現在でも財産を共有し、共同体を何より優先する伝統的な農村生活を営んでいる。

徴兵と教育をめぐる国家との軋轢

信教の自由が早い時期から認められていた北米で、再洗礼派は近世ヨーロッパのように宗教的理由で国家から迫害されることはなかった。もちろん、ヨーロッパで起こったような徴兵と教育をめぐる再洗礼派と国家の間の軋轢は、北米にも存在した。独立戦争、南北戦争、第一次・第二次大戦期など大規模な戦争が起こる度に、再洗礼派の若者に対し兵役を求める社会的圧力が高まったし、国家が教育に対する統制を強めようとしたために争いが起こることがあった。徴兵や教育をめぐる国家との争いが原因で移住を行う再洗礼派も少数ながらいたが、そのほとんどは、良心的兵役拒否や自分たちの学校の建設などで国家との折り合いをつけることが可能だった。このように北米は、再洗礼派たちにとっての安住の地であり続けた。

社会に適応していく北米再洗礼派

近世を通じてヨーロッパの再洗礼派の多くは、政治や行政に参加せず、独自の信仰や慣習に従って共同体生活を営んだ社会のアウトサイダーだった。このような性格や意識を、北米の再洗礼派も長らく引き継いでいた。しかし、19世紀後半以降、彼らは次第に、自分たちが住む社会の変化に応じて従来の生活や慣習を変えていった。

スイス・南独、ロシアの再洗礼派たちのほとんどは故郷で農業を営んでいたため、北米に来てからも農業に根ざした生活を変えなかった。そのため、19世紀までほとんどの再洗礼派が農村に住んでいた。しかし、北米で都市化が進むにつれ、メノー派たちは次第に農村から都市に生活の場を移すようになっていった。メノー派は他の住民と比べると農業に従事し続ける比率が大幅に高かったが、それでも1970年代には最も進歩的なメノー派教会員の3分の2が都市部に住んでいた。彼らは賃労働や専門職や企業経営に携わり、消費文化も受け入れていった。

都市部に住むメノー派が増えていくと、外部の学校で高等教育を受ける者も増えてきた。しかし、19世紀末以降北米メノー派は、次々と自分たちの高等学校や大学、聖書神学校を作り、若者たちが自分たちの信仰に基づく高等教育を受けられるようにした。19世紀末から20世紀初めに作られたベテル・カレッジやゴーシェン・カレッジがその先駆的な例だ。[6]

メノー派たちは、彼らの祖先の言葉であるドイツ語を礼拝や日常生活や教育で使い続けていたが、次第に英語を受け入れていった。19世紀中には英語の出版物が一般化していき、説教もドイツ語と並び英語で行われるようになった。日曜学校や非メノー派の学校も子どもたちが英語に触れる機会を提供した。１９２０年代にはアメリカでオールド・オーダー・アーミシュやフッター派を除き礼拝の言語がドイツ語から英語に置き換わった。

伝統的に再洗礼派は国家や政治から距離を取る傾向にあったが、第二次大戦後に政治や社会問題に積極的に取り組む動きが顕著になった。都市部のメノー派たちは、キリスト教徒には政治的問題で発言する責任があると見なし、選挙での投票や政治活動に参加するようになっていった。政治家として国や地方の政治に関わる者も増加した。農村部のメノー派は１９６０年代でもまだ余り選挙に行こうとしなかったが、次第に投票を避ける傾向は薄れていった。

冒頭で挙げたのは、メノナイト中央委員会（ＭＣＣ）の目的に関する言明だ。元々は１９２０年に窮乏していたロシアのメノー派を支援するために作られた。現在では「平和と正義」のために世界中で様々な社会奉仕活動を行っている。その内容は、多数のボランティアの海外派遣、難民支援、飢餓で苦しむ国への食糧支援、途上国の経済活動に対する支援、紛争の調停など多岐にわたっている。

このように20世紀を通じて、農村で社会の主流派から距離を取る生活は、都市部に住み、教育を受け、政治や社会問題に積極的に関わっていく生活へと次第に取って代わられるようになっていった。もちろん、今でも多くの農村共同体で伝統的な生活様式が維持されていることは、北米再洗礼派の大きな特徴だ。しかし、ほとんどの場所で信仰を保つ限り社会の主流派にはなり得なかった近世ヨーロッパとは違い、北米の再洗礼派にはアウトサイダーとして生きる以外の選択肢もあった。現在、社会に適応し市民社会の一員として生活している再洗礼派が多数存在していることは、彼らを取り巻く社会が根本的に変わったことの表れなのだ。

（1）Mennonite Central Committee U. S., "Our Purpose," in http://mcc.org/learn/about/mission [4 December 2016]

（2）北米の再洗礼派の歴史全般については、以下を参照。Royden Loewen and Steven M. Nolt, *Seeking Places of Peace. Global Mennonite History Series: North America* (Intercourse 2012); 鈴木七美「キリスト教非暴力と平和主義の底流　再洗礼派メノナイト／アーミシュ」（綾部恒雄監修・編『結社の世界史5　クラブが創った国アメリカ』山川出版社、２００５年）84―96頁。ヨーロッパから北米への移住については以下を参照。Cornelius Krahn, Harold S. Bender and John J. Friesen, "Migrations." Global Anabaptist Mennonite Encyclopedia Online. 1989. Web. 9 Nov 2014. http://gameo.org/index.php?title=Migrations&oldid=126724

（3）北米各地の再洗礼派の歴史については、Global Anabaptist Mennonite Encyclopedia Online (GAMEO) を参照。ここでは国、州、地域、都市毎に膨大な数の論考を見つけることができる。http://gameo.org/index.php?title=Welcome_to_GAMEO

（4）ＭＣについては以下を参照。Harold S. Bender and Beulah Stauffer Hostetler, "Mennonite Church

(MC).” *Global Anabaptist Mennonite Encyclopedia Online*. January 2013. Web. 2 Oct 2015. http://gameo.org/index.php?title=Mennonite_Church_(MC)&oldid=120422; ＧＣについては以下を参照。Edmund G. Kaufman and Henry Poettcker, “General Conference Mennonite Church (GCM).” *Global Ana-baptist Mennonite Encyclopedia Online*. November 2009. Web. 2 Oct 2015. http://gameo.org/index.php?title=General_Conference_Mennonite_Church_(GCM)&oldid=121630. ＭＢについては以下を参照。John H. Lohrenz, “Mennonite Brethren Church.” *Global Anabaptist Mennonite Encyclopedia Online*. April 2011. Web. 2 Oct 2015. http://gameo.org/index.php?title=Mennonite_Brethren_Church&oldid=13103

（5）ＢＩＣについては以下を参照。C. Nelson Hostetter and E. Morris Sider, “Brethren in Christ Church.” *Global Anabaptist Mennonite Encyclopedia Online*. March 2014. Web. 2 Oct 2015. http://gameo.org/index.php?title=Brethren_in_Christ_Church&oldid=115165; オールド・オーダー・メノナイトについては以下を参照。John C. Wenger, “Old Order Mennonites.” *Global Anabaptist Mennonite Encyclopedia Online*. 2002. Web. 2 Oct 2015. http://gameo.org/index.php?title=Old_Order_Mennonites&oldid=113859

（6）ベテル・カレッジについては以下を参照。Keith. Sprunger, “Bethel College (North Newton, Kansas, USA).” *Global Anabaptist Mennonite Encyclopedia Online*. September 2013. Web. 2 Oct 2015. http://gameo.org/index.php?title=Bethel_College_(North_Newton,_Kansas,_USA)&oldid=127399; ゴーシェン・カレッジについては以下を参照。John S. Umble, “Goshen College (Goshen, Indiana, USA).” *Global Ana-baptist Mennonite Encyclopedia Online*. 1956. Web. 2 Oct 2015. http://gameo.org/index.php?title= Go-shen_College_(Goshen,_Indiana,_USA)&oldid=118213

7　伝統の保持、「世界」への適応
アーミシュの教育

猪刈由紀

「全能の神にその恵みの賜物を求めて祈りなさい。子どもたちが慈悲のうちにあって、聖霊の働きにより正しい道へと導かれ、守られるようにと。自らの魂と同じように彼らの救いに気を付けていなさい。状況に応じて彼らを教え、戒め、間違いを正し、罰しなさい。悪い子どもたちからは遠ざけなさい。そこでは嘘、呪い、誓い、争い、悪事ばかりを耳にし、覚えるだろう。子どもたちに読み書きを教え、勤勉な習慣へと育てあげ、その年齢と気質にあった有益な職業を覚えさせなさい。そうすれば、あなたはその子らの多くの名誉と喜びを目にすることになるだろう（シラ書30章）。[1]」

アーミシュは現在多くのコミュニティで自らの学校を運営するが、そこでの教育はコミュニティ存続にとって中心的、かつ決定的な役割を果たしていると言われる。その現場では、彼らのアイデンティティの根幹をなすドイツ語と英語、そして共有の価値が教えられているだけでなく、いかに彼らが「外部」と付き合い、境界線を引こうとしているのかが浮き彫りになる。

アメリカ公教育のはじまりとアーミシュ独自の教育

アメリカでは1850年代以降、ミシガン州を皮切りに公教育の義務化が展開され、1920年には全米の9割の児童が就学するに至った。当時アーミシュは公立学校に通ったが、その多くは農村の子どもたちが学ぶ学校であり、生活スタイルや価値の点で、アーミシュと非アーミシュの生徒たちの間に大きな隔たりはなかった。しかし世界恐慌に続くニューディール政策を機に、アメリカ社会が消費社会へと大きく変化すると、アーミシュとアメリカ社会との隔たりは急速にひろがり、アーミシュは「外部」との交わりを意図的に制限するようになる。

小規模校は統合され、学年別に編成された、より効率的な授業と合理的な学校運営が目指されるようになる。農村に基盤を置いた読み・書き・計算というそれまでの基礎学力の習得から、工業化社会の要請に応える業績主義的教育への変更だ。児童には乗り物でなければ通学できない遠距離の学校へ通うことが求められた。さらに教育法が改正され、就学年数がそれまでの8年からハイスクールでの就学も含む9年まで延長されると、アーミシュ側の抵抗感は一層強まった。1919年に就学義務を拒否した父親に対するオハイオでの罰金刑にはじまる、9年の就学義務に抵抗するアーミシュと当局との軋轢は、以後50年におよぶことになる。

こうした公教育義務化の流れに対抗する手段として、アーミシュは独自に学校を設立、運営するようになった。最初のアーミシュ学校は1925年にデラウェアで設立され、1950年代以降、アーミシュ人口の増加と歩調を合わせて学校設立数は急速に増えていった。アーミシュ独自の教育が広がると、アメリカ社会の側からの反応も現れた。ウィスコンシンでのアーミシュと州当局の衝突に端を発した1972年の最高裁判決（ヨーダー判決）は、8年制のアーミシュの学校教育を「共同体の存続を維持するための不可欠の教育」として、初めて正式にその正当性を認めた。しかしこの判決も、アーミシュの教師の資格を認めたものではないため、現在でも教師の資格をめぐる争いが各地の当局との間で繰り返されている。(2)

アーミシュの教育で目指されるもの

アーミシュの理解では、学校の役割とは生徒が学ぶ環境、つまり教師、生徒、親の三者が互いに関わる場を提供することとされる。学校は家庭生活と密接に結ばれ、親は学校運営に深く関与する。またコミュニティの代表は理事会（スクールボード）を構成し、学校を運営、監督する。教育の目標は、アーミシュ的価値、すなわち謙遜、質素、神の意志への服従心を養うことにある。神の前に責任を担える大人に成長することが目指され、学校では読み書きと生活スキルの教育が、教会と家庭では宗教教育が行われる。善悪や聖書の内容などを教えるのはあくまで両親の義務であり、学校は聖書を理解し、また働くための技を身につける場なのだ。

高校レベル以上の教育を受けることは、電話や車といったテクノロジーの使用と同様にアーミシュでは禁じられている。行き過ぎた教育は、虚栄心、競争心、地位や力の過信などの罪につながり、信仰を保つ上で妨げにこそなるものの、決して有益ではないと考えられている。授業では解答の速さよりも正確さ、課題の多様性よりも基本事項のドリル式繰り返し、また個人的能力の確立よりもコミュニティへの貢献に重きが置かれる傾向がある。

教師の役割

アーミシュの学校の教員には、「外部」アメリカ社会での国家試験のような教員資格はない。資格に相当するのは人柄であり、人格である。人間の弱さを認め、何でも知っている存在（すなわち神）を信頼し、頼ることのできる人物、またコミュニティと自己同一化できる人物が求められる。教師の大部分は若く未婚の女性で、21歳未満で教師になる打診を受けた場合には、招聘を受けるか否かの判断、また給与の交渉は父親によっておこなわれる。女性が未だ父親の経済的保護のもとにあるためとされるが、ここには未婚で、場合によっては洗礼もまだ受けてない若い女性の依存的な立場が端的にあらわれている。一方、教師としての評判が高い場合には、別のコミュニティから招聘されることもある。契約も事前の研修もなく、自らが学んだ経験をもとに彼女たちは教師を務める。同一クラスであらゆる年齢の生徒が学ぶアーミシュの学校では、年長の生徒が年下の生徒を教えることは当然とされ、教職もその延長線上にある。男性教師もいるが、男性の場合は一家の養い手とみなされて給与水準が女性よりも高い。(3) 教師の給料はコミュニティからの献金によるので、教員が若い女性であれば学校維持のための負担が少なくて済む。

アーミシュ・コミュニティ内での多様化と教育への影響

アーミシュの教育についてこうした一般的傾向がみられる一方で、近年ではアーミシュ内での多様化が進み、(4) 学校、あるいは教育の理念や学ぶべき教科について異なるヴィジョンが見られる。学校の施設、例えば給水設備や電気、また教員住居があってよいかどうかについては各コミュニティが決定するので、コミュニティごとに学校設備が異なっている。使用する教材についても同じことが言える。

外部のアメリカ社会とほとんど接触しない、農村部に位置する保守的なアーミシュのコミュニティでは、暗記を中心とした伝統主義的な教育が現在でも行われている。30人程度の異なる年齢の生徒が一部屋で一緒に学ぶが、ここでは自主性や個性よりも規則への服従が重視される。絵を描くにも「ブタは何色に塗るべきか」など、色の選択まで挙手して教師に指示を求めるという。(5) また、ドイツ語聖書を読む授業では内容の議論はしない。授業では自ら与えられた課題を解くという自足、権威への依存、そして規律が重要だ。英語教育（読み・書き・発音）は、計算術と並び中心的教育の一つで、授業中は英語のみが使われ、英語によって生徒には外の世界への窓口が開かれる。他方、コミュニティの共通言語であるドイツ語が外部から彼らを守っており、休憩でもドイツ語が話される。教科書は親世代と同じものを使い続けている。

他方、男性メンバーが工場など一般アメリカ人のもとで雇用され、賃金労働に従事することを認めているコミュニティでは、アーミシュ的価値と共に、一般アメリカ社会に適応する能力を積極的に養う教育が行われている。賃金労働による経済的基盤はコミュニティ存続に欠くことはできないとみなされ、観光や特産品の販売などを通じてアメリカ社会と一定の接触を保ちながらコミュニティを維持するために、一層の英語力と、自らで考える力を伸ばすことが目指される。教師と生徒の関係は権威主義的ではなく、課題を与える際にも「さあ、やってみよう」といった言い方がされる。(6) 批判的な思考、積極的に質問すること、分析することもここでは勧められている。基礎科目に加えて美術、保健、地理、歴史も教えられ、教材もアーミシュによる出版の、より新しい教科書が採用されている。教育成果を計る姿勢も明らかで、テストの平均点が足りなければ留年させる場合がある。経済的に外部「世界」と一層関わり、変化への社会的圧力を受けているこれらのコミュニティでは、学校は外部とのかかわり方を学ぶと同時に、独自の価値を修養し「外部との境界」を強化する役割をも担う。ここでは、子どもの「世界」への導入を助け、その衝撃を和らげる手助けとなることが学校に期待されている。

図 26　インディアナ州エルクハート郡ゴーシェンのヒルサイド・アーミッシュ・スクール。8 学年制（6 ～ 13 歳）、生徒数30 名の典型的なアーミッシュの学校。（踊共二氏撮影。2012 年）

教師としての女性の役割

教師の多くが若い未婚女性であり、教職が結婚し家庭に入るまでの一時的な仕事とみなされる傾向は、保守的なコミュニティで顕著に見られる。また、適応型コミュニティで見られた「重要な役割である教職を若い女性に任せておいてよいのか」という男性からの発言は、従来教職は男性が担うほどの重要性を持たない職業とみなされていたこと、またそれが変化している様子をよく示している。[7] 一家で農業を営んだ時代とは異なり、男性の賃労働が一般化している都市近郊のコミュニティでは、女性のみが家庭に閉じ込められた結果、家父長制的抑圧はむしろ増し、女性の活動の自由は制約されているという指摘がある。[7] 若い未婚の女性という限定があるとはいえ、教師という、家庭の外での役割が女性に積極的に開かれている事実、特に進歩的コミュニティでは重視されつつある教職への女性の招聘は、コミュニティ、教会職、親との密接な関係の中にあって、アーミシュ女性の置かれた「制約の中での可能性」を示す事例となっている。同時にそれは、伝統の保持と「世界」への適応という、コミュニティ自体が担う両義性の、集約された例であるとも言えるのではないだろうか。

（１）Menno Simons, trans. Israel Daniel Rupp, *A Foundation and Plain Instruction of the Saving Doctrine of Our Lord Jesus Christ*, (Lancaster 1835), 472. アーミシュの創始者ヤーコプ・アマンの残した文献は少ないため、メノー・シモンズの著作からの引用。最後の「（シラ書30章）」まで英語原文より訳出した。シラ書30章は子供の教育の重要性とそこでの厳しさの必要に関する章だが、引用したメノー・シモンズによる叙述はシラ書の内容に直接対応するものではない。文末でのシラ書30章への言及は「参照せよ」との指示の意だと思われる。

（２）アーミシュと公教育についてはサラ・フィッシャー、レイチェル・ストール（杉原利治、大藪千穂訳）『アーミシュの学校』（論創社　２００４年）巻末の杉原による解説、および John A. Hostetler and Gertrude E. Huntington, *Children in Amish Society*, (New York, Chicago, etc.), 97-104 を参照。

（３）Karen M. Johnson-Weiner, *Train up a Child. Old Order Amish and Mennonite Schools*, (Baltimore 2006), 127.

（４）近年のアーミッシュ内での多様性については以下を参照。Steven M. Nolt and Thomas J. Meyers, *Plain Diversity. Amish Cultures and Identities*, (Baltimore, 2007).

（５）Johnson-Weiner, *Train up*, 46.

（６）Johnson-Weiner, *Train up*, 84.

（7）Johnson-Weiner, *Train up*, 156.

（8）Royden K. Loewen, "Household, Coffee, Klatsch, and Office: The Evolving Worlds of Mid-Twentieth-Century Mennonite Women," in *Strangers at Home*, eds., Kimberly D. Schmidt, Diane Zimmerman Umble and Steven D. Reschly, (Baltimore 2003), 259-283.

8 世界に広がる再洗礼派

アジア、アフリカ、ラテンアメリカへの宣教

永本哲也

「メノナイト世界会議（ＭＷＣ）は、16世紀ヨーロッパの急進的宗教改革、特に再洗礼派運動にルーツを持つキリスト教教会の多数派を代表しています。この教会はグローバルな家族です。（中略）メノナイト世界会議のメンバーは、違った国に住み、違う言葉を話し、違うやり方で礼拝しているにもかかわらず、共にイエスの身体の一部です。(1)」

再洗礼派の世界宣教(2)

19世紀は、プロテスタントが大々的に世界宣教を進めた世紀だった。多くの宣教団体が生まれ、説教師たちがアフリカやアジアでキリスト教信仰を広めていった。このような時代の流れと、再洗礼派たちも無関係ではなかった。(3)

最も早く海外宣教を行ったのは、オランダのメノー派だ。彼らは１８４７年にメノナイト宣

教協会（DZV）を結成し、ジャワで宣教を行った。

北米の再洗礼派も、19世紀末から海外宣教に乗り出した。初期の北米からの海外宣教は、個人が独力もしくは他の教派の宣教会と協力しながら行われた。北米からの最初の海外宣教は、1890年に組織の後ろ盾なしに西アフリカで宣教を行ったメノナイト・キリスト兄弟団（MBIC）のユーゼビアス・ハーシェイが行ったものだ。

北米には、様々な再洗礼派系の団体があった。これらの団体はそれぞれ独自に宣教を行った。北米メノー派の主要三団体ジェネラル・コンフェレンス・メノナイト教会（GC）、メノナイト・ブレザレン（MB）、メノナイト教会（MC）は、それぞれ1872年、78年、82年に宣教局を作っている。北米の諸団体が組織的な海外宣教を始めたのは19世紀末だったが、より活発になったのは第二次大戦以降のことだ。

複数の団体が協力しながら宣教を行うこともあった。MBなどの四団体が宣教師を派遣してできた中国メノナイト宣教協会はその最初期の例だ。

宣教のために国際協力するための組織も作られた。1952年には、オランダ、ドイツ、スイス、フランス四カ国の宣教局が合同してヨーロッパ・メノナイト宣教委員会（EMEK）を結成し、インドネシアやアフリカで宣教を行った。全世界の再洗礼派教会が加盟するメノナイト世界会議（MWC）には宣教委員会があり、メンバーの教会に宣教のための様々な資源や話し合いの場を提供するなどの支援を行っている。

このような1世紀以上にわたる世界宣教の結果、再洗礼派教会は、ヨーロッパと北米から、アジア、アフリカ、ラテンアメリカに広がっていった。

アジアでの広がり

メノー派最初の海外宣教地は、オランダ領東インド、後のインドネシアだった。(4)１８５１年DZVによって派遣された宣教師ピーター・ヤンスが、ジャワ島中部で宣教活動を行ったのが始まりだ。彼の宣教活動は実を結び、１９４０年には教会の指導権が、DZVから現地の信徒が管理するジャワ福音教会（GITJ）に移った。

ジャワでの宣教は、なかなか中国系住民に届かなかったが、１９２０年にテー・シェム・タットと25人が洗礼を受け入れたことが転機になった。これ以降洗礼を受け入れる中国系住民が増加し、25年には中国メノナイト・キリスト教教会（58年にインドネシア・ムリア・キリスト教教会GKMIに改称）が設立された。その後１９６０～70年代にリバイバル運動に参加するようになったGKMIの若者たちが、インドネシア・キリスト教教会（JKI）を結成した。

こうしてインドネシアのメノー派は、２０１５年には11万1千人、アジア2位、世界6位の規模に成長した。

インドネシアに続くアジアでの宣教地になったのがインドだった。(5)１８８９年にロシアのMBからインド南部に派遣されたフリーセン夫妻の宣教がその始まりだ。彼の宣教に触発され、99年からアメリカ・メノナイト・ブレザレン教会（ＡＭＢ）も、インドでの組織的な宣教を始めた。ロシア革命以降、ロシアＭＢが宣教を続けられなくなった後も、ＡＭＢはバプテストなど他の宣教組織と協力しながら宣教を続け、不可触民を中心に多くの信徒を獲得した。１９５８年には教会の管理がＡＭＢの宣教会からインド・メノナイト・ブレザレン教会会議（ＣＭＢＣＩ）に移った。ＣＭＢＣＩはその後インドの他の地域や不可触民以外のカーストにも宣教を行い、２０１２年にはメンバー数約10万人とＭＷＣ加盟教会屈指の規模にまで成長している。

インドでは19世紀末以降ＭＢ以外に、北米のＭＣ、ＧＣ、ＢＩＣなども宣教を行い、独自の教会を形成している。２０１５年のインドの再洗礼派数は約26万人、アジア最大、アメリカに次ぐ世界2位の規模にまで達している。

２０１５年にはこの2カ国以外にも、ベトナム、日本、台湾、香港、ミャンマー、フィリピンなどアジア・太平洋地域18カ国に再洗礼派教会が存在しているが、これらの国の教会の規模は上二つと比べると著しく小さい。アジアの再洗礼派数は約43万人（約20％）で、五大陸中アフリカ、北米に次ぐ第3位となっている。[6]

アフリカでの広がり

アフリカでの再洗礼派宣教が始まったのは19世紀末だ。その中でも最も宣教に成功した国

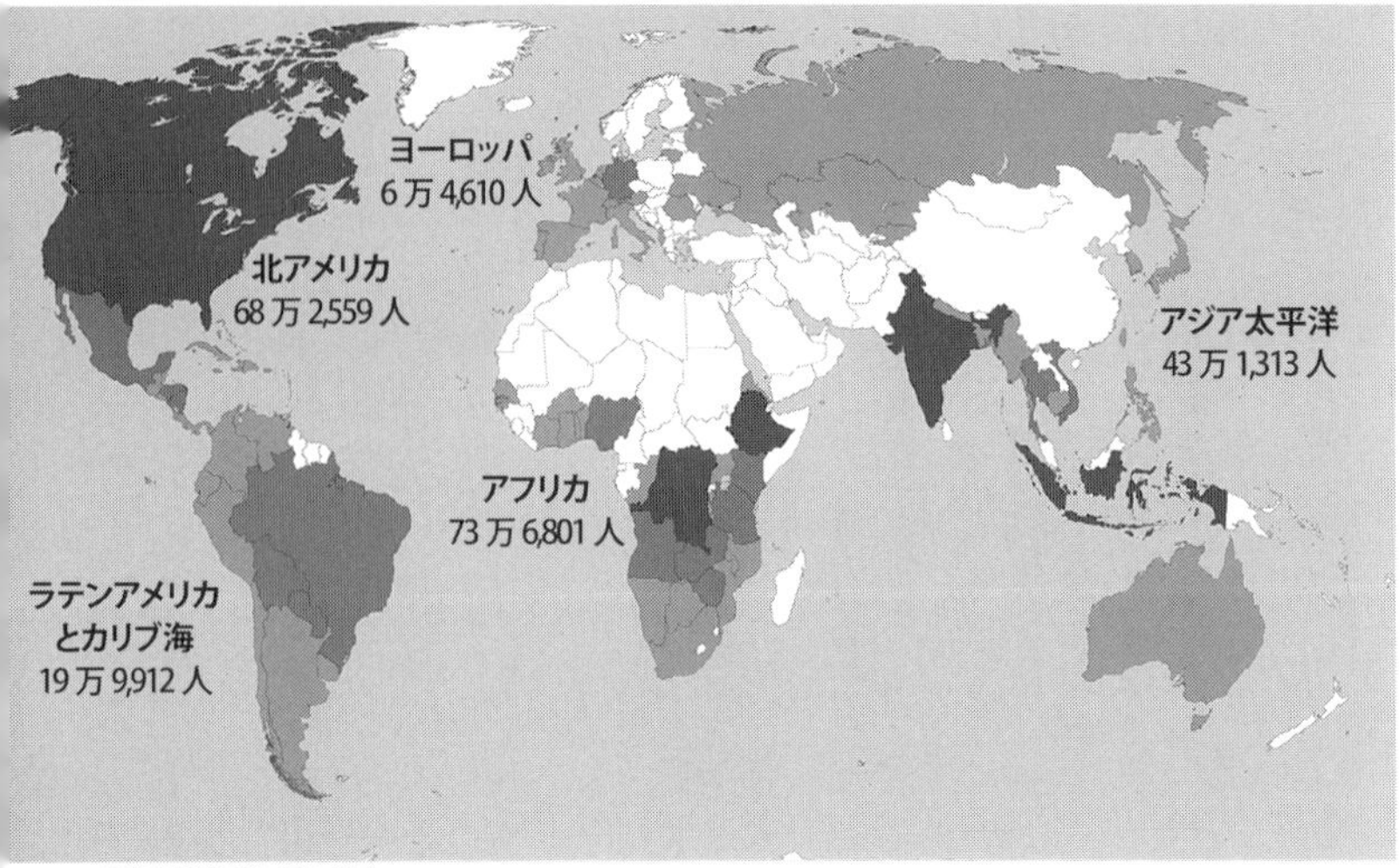

再洗礼派が居住している国
再洗礼派が1万人以上居住している国
再洗礼派が10万人以上居住している国

Mennonite World Conference, World Directory, 2015を基に作成

地図3　2015年の再洗礼派の居住地

が、中央アフリカのベルギー領コンゴだ。[7] コンゴで組織的宣教を行ったのは、北米由来の二つの宣教会だった。最初に活動を始めたのは、ディフェンスレス・メノナイト教会と中央会議メノナイト教会が1912年に共同で設立したコンゴ内陸宣教会CIM（71年にアフリカ・メノナイト間宣教会AIMMに改称）だ。もう一つが、北米MBが43年に結成したアメリカ・メノナイト・ブレザレン宣教会（AMBM）だ。

　1960年にコンゴがベルギーから独立した後、CIMの宣教地の教会がコンゴ・メノナイト・コミュニティ（CMCO）、AMBMの宣教地の教会がコンゴ・メノナイト・ブレザレン教会（CEFMC）を作り宣教会から自立した。

さらに西カサイ州のコンゴ人が福音メノナイト・コミュニティ（ＣＥＭ）を作った。コンゴの教会は政治的混乱が続く中でも成長し続け、２０１２年にはＣＭＣＯとＣＥＦＭＣがそれぞれ約10万人規模の教会になり、２０１５年の総数は世界第４位の約23万人６千人に達している。

比較的遅い時期に宣教が始まったのが、エチオピアだ。[8] １９４５年にＭＣのメノナイト宣教団メノナイト救援委員会が、医療や教育支援を通じて宣教を始めた。51年には最初の10人が洗礼を受け、59年にはキリスト・ファウンデーション教会（ＭＫＣ）が結成された。74年に社会主義革命が起こると、大規模な集会はできなくなり、82年には教会が没収され、投獄される指導者も出るなどの迫害を受けた。にもかかわらず、彼らは小規模な集団による集会を開き、地下で信仰活動を続けた。その結果、迫害下でも教会は成長した。91年に社会主義政権が倒れた後も信徒数は増え続け、２０１５年には約25万５千人、世界３位の大国になっている。

アフリカには他にも、約６万５千人の信徒を擁すタンザニアや４万５千人を越えるジンバブエなど、１万人以上の信徒が住む国が８つある。このようにアフリカでは再洗礼派が急速に勢力を伸ばしている。２００３年には北米大陸を上回り五大陸最大の信徒数を抱えるようになり、２０１５年には約74万人（約35％）に達している。

ラテンアメリカでの広がり[9]

アジアとアフリカの再洗礼派教会が、専ら世界宣教の結果誕生したのに対し、ラテンアメリカの再洗礼派教会には二つのルーツがあった。一つは、北米やヨーロッパの再洗礼派の移住であり、もう一つがアジアやアフリカと同様の世界宣教だ。

メノー派がラテンアメリカへ移住する契機になったのは、１９２０年代にカナダ政府が公教育に対する統制強化など国民統合政策を進めたことだった。国家からの干渉を嫌った保守派のメノー派は、徴兵義務免除と教育上の自治を求めメキシコとパラグアイへ移住した。さらに30年代から第二次大戦後の混乱期にソビエト連邦のメノー派が、パラグアイ、ブラジルに逃れてきた。１９４８年以降プロイセンやポーランドからのメノー派難民がウルグアイへ移住した。50年代後半には、人口増加による土地不足や国家からの干渉の強まりによって、メキシコの保守派がベリーズ、ボリビア、パラグアイへとさらに移住を行った。80年代には治安の悪化からボリビアのメノー派の一部がアルゼンチンへと移住した。こうして、カナダやヨーロッパからのメノー派移民が作る入植地が、ラテンアメリカ諸国に作られていった。

ラテンアメリカへの宣教は、１９１７年ＭＣのメノナイト宣教・慈善局ＭＢＭＣ（71年にメノナイト宣教団ＭＢＭに改称）が、アルゼンチンに宣教師を派遣したことから始まった。しかし、ラテンアメリカでの宣教が本格化したのはようやく第二次大戦後のことだ。様々な宣教団体が各国で宣教活動を行ったため70年代までに、アルゼンチンだけでなく、ホンジュラス、グアテマラ、ニカラグア、キューバ、ドミニカ、ハイチなどラテンアメリカの広い範囲で、現地の信徒によって作られる教会が誕生した。

２０１５年のラテンアメリカの再洗礼派数は約20万人（約９・５％）で、約６万５千人（約３％）のヨーロッパに次いで二番目に少ない。信徒数の多い国を見ると、パラグアイが約３万５千人、メキシコが約３万４千人、ボリビアが約２万７千人になっている。飛び抜けて信徒数が多い国はない代わりに、１万人を越える国は６つあり、再洗礼派信徒がいる国の数は26とアフリカの25カ国とほぼ同程度である。

グローバルな家族

再洗礼派教会が世界中に広がったのは、19世紀半ば以降の世界宣教が成功したためだ。その結果、２０１５年には世界87カ国に約２１２万人の信徒を擁す世界的な教会へと成長することになった。もはや再洗礼派教会は、ヨーロッパの教会でも欧米の教会でもない。世界宣教後に誕生したアジア、アフリカ、ラテンアメリカ三大陸の教会が再洗礼派人口の約65％と多数派になっているためだ。こうして再洗礼派教会は、地理的にも、文化的にも、言語的にも、人種的にも、組織的にも多様な教会へと変化したのだ。

世界中の再洗礼派教会が集うのが、メノナイト世界会議（ＭＷＣ）だ。ＭＷＣは１９２５年にスイスのバーゼルで最初に開催されて以来、約６年毎に世界各地で開かれている。冒頭で挙げたのは、ＭＷＣが自分たちについて述べた説明だが、この中で彼らは、再洗礼派教会を「グローバルな家族」と呼んでいる。彼らにとって、世界中に散らばっている教会は、たとえ様々な違いはあっても、共通した信仰を持つ家族なのだ。ＭＷＣは彼らを相互に結びつけるための重要な場所になっている。

もちろん「グローバルな家族」は理念であって、現実そのものではない。ＭＷＣに加盟している信徒は、全再洗礼派の約67・７％に留まっている。アーミシュやフッター派など保守的なグループはＭＷＣに加盟しておらず、ヨーロッパ、北米、ラテンアメリカの信徒の加盟率は３から５割に留まっている。このように、現在全世界の再洗礼派教会全てを包括する組織は存在しない。

しかし、ＭＷＣ以外にも国や地域、団体の枠を越えて活動する国際的な再洗礼派組織は多数存在している。彼らの活動は世界中の教会を相互に結びつけ、関係のネットワークを着実に密にしている。世界に広がる再洗礼派たちは、「グローバルな家族」を作るための道を着実に進んでいる。

（１）Mennonite World Conference, The Mennonite World Conference brochure https://www.mwc-cmm.org/sites/default/files/website_files/mwc_gen_broch_en.pdf [8 December 2016]

（２）再洗礼派の宣教全般については以下を参照。Pannabecker, S. F., Harold S. Bender and Wilbert R. Shenk. "Mission (Missiology)." *Global Anabaptist Mennonite Encyclopedia Online*. 1987. Web. 2 Oct 2015. http://gameo.org/index.php?title=Mission_(Missiology)&oldid=132556

（３）プロテスタントの世界宣教については以下を参照。高柳俊一・松本宣郎編『宗教の世界史９　キリスト教の歴史2　宗教改革以降』（山川出版社、２００９年）135―138、195―261頁。

（4）インドネシア宣教については以下を参照。Adhi Dharma, "The Mennonite Churches of Indonesia," in *Churches Engage Asian Traditions. Global Mennonite History Series: Asia*, eds. John A. Lapp and C. Arnold Snyder (Intercourse 2011), 21-123.

（5）インド宣教については以下を参照。I. P. Asheervadam, "The Mennonite and Brethren in Christ Churches of India," in *Churches Engage Asian Traditions*, 125-219.

（6）各国のメノー派系教会に関する統計は以下を参照。Mennonite World Conference (ed.), *World Directory* 2015. https://www.mwc-cmm.org/article/world-directory [2 October 2015]

（7）コンゴでの宣教については以下を参照。Erik Kumedisa, "Mennonite Churches in Central Africa," in *Anabaptist Songs in African Hearts. Global Mennonite History Series: Africa*, eds. John A. Lapp and C. Arnold Snyder (Intercourse 2006), 45-94.

（8）エチオピア含む東アフリカでの宣教については以下を参照。Alemu Checole assisted by Samuel Asefa, "Mennonite Churches in Eastern Africa," in *Anabaptist Songs in African Hearts*, 191-253.

（9）ラテンアメリカのメノー派については以下を参照。Jaime Prieto Valladares, *Mission and Migration. Global Mennonite History Seires: Latin America*. (Intercourse 2010); 国本伊代「メキシコにおけるメノナイト信徒集団―キリスト教プロテスタント再洗礼派のメキシコ移住の経緯と現状」（『中央大学論集』19、１９９８年３月）31―47頁；国本伊代「ボリビアにおけるメノナイト信徒集団―キリスト教プロテスタント再洗礼派が辿り着いた最後の新天地―」（『中央大学論集』20、１９９９年５月）93―105頁；国本伊代「パラグアイにおけるメノナイト信徒集団―キリスト教プロテスタント再洗礼派に変貌を強いた歴史的背景と現状―」（『中央大学論集』22、２００１年３月）45―60頁；国本伊代「ブラジルのメノナイト―南部パラナ州におけるロシア難民メノナイトの定住過程―」（『中央大学論集』29、２００８年２月）25―45頁：国本伊代「ベリーズにおけるメノナイト信徒集団――キリスト教再洗礼派が熱帯低地に求めた新天地の建設と変貌」（『中央大学論集』24、２００３年３月）55―71頁：国本伊代「アルゼンチンにおけるメノナイト信徒集団――キリスト教再洗礼派の探した新天地ラパンパ州ヌエバエスペランサ・コロニーが経験した国家との対決」（『中央大学論集』25、２００４年３月）75―91頁。

9　戦後に生まれた再洗礼派教会

日本のメノナイトとフッタライト

永本哲也

「日本での宣教は大都市よりも地方の町村や農村地帯に集中すべきであり、大都会に勢力を集中すべきではない。理由は、①都市での宣教活動はすでに過密ぎみなのに対して、地方の町村や農村地帯はおろそかにされていること、②都市文化は消滅していく文化であるが、農村文化は自ら再生し続けること、③教会は村から町へ、町から都市へと広がるが、逆に都会から地方へ向かっては広がらない。[1]」

16世紀にヨーロッパで生まれた再洗礼派教会は、その後北米、ラテンアメリカ、アジア、アフリカに広がっていった。北米を中心とした再洗礼派の世界宣教が特に活発になったのは第二次大戦後であり、彼らの宣教地には日本も含まれていた。北米の四つの団体は戦後間もない時期に日本に相次いで宣教師を派遣した。こうして、日本の再洗礼派の歴史が幕を開けた。[2]

日本メノナイト・ブレザレン教団（ＭＢ）(3)

北米のメノナイト・ブレザレン（ＭＢ）による日本宣教は大阪で始まった。１９４９年にメノナイト中央委員会（ＭＣＣ）のワーカーとしてヘンリーとリディア・ティルマン夫妻が派遣され、大阪市の春日出町を拠点として伝道活動などを行った。50年８月に北米ＭＢから最初の正式な宣教師ルース・ウインズが派遣されると、その後も次々と宣教師が大阪にやって来た。こうして51年７月には猪名川で最初の洗礼が行われた。その後も大阪、兵庫、奈良といった近畿地方で教会を増やしていった。さらに60年には伊勢湾台風の支援活動をきっかけとして、三重県桑名市で教会が作られた。70年代に入ると愛知や中国地方で、80年代半ばには関東で宣教が行われ、近畿以外の広い範囲で教会が作られるようになった。

58年には各地の教会が、日本メノナイト・ブレザレン教団協議会を結成し、64年９月には教団が宗教法人「日本メノナイト・ブレザレン教団」として認可された。

メノナイト世界会議（ＭＷＣ）の統計によれば、２０１２年の日本ＭＢ教団の成員は１８３８人だ。(4)所属するのは、近畿地方に20（大阪15、兵庫４、奈良１）、中国地方３（広島２、山口１）、東海地方５（三重１、愛知４）、関東地方１（川崎市）、合計29教会だ。日本のメノナイト系教団の中では群を抜いて大規模だ。

日本メノナイトキリスト教会協議会(5)

北米メノナイト教会（ＭＣ）のメノナイト宣教団（ＭＢＭ）が、宣教師として二組の夫婦を日本に派遣したのは１９４９年のことだった。彼らが宣教地に選んだのは北海道で、ラルフとジェニー・バックウォルター夫妻が釧路、カールとエスター・ベック夫妻が帯広で宣教を行うことになった。51年６月に帯広ではじめての聖日礼拝が行われた。51年11月には帯広の信徒10人、釧路の信徒２人が洗礼を受け、北海道で最初のメノナイトが誕生した。こうして帯広と釧路を中心として、50年代にかけて十勝や釧路・根室地方といった道東に次々と新たな教会が建てられていった。56年には日本メノナイトキリスト教会協議会が発足した。60年代に入ると、地方だけでなく都市部での宣教も行われるようになり、札幌、旭川、富良野にも教会が作られるようになった。

２０１２年の協議会の成員は４４２人、教会数は17だった。教会は、札幌に四つ、旭川や富良野、釧路、標茶、中標津、別海といった根釧地方、帯広、足寄、陸別、本別、上士幌、大樹、広尾といった十勝地方など北海道各地に散らばっている。

日本メノナイト・キリスト教会会議(6)

北米ジェネラル・コンフェレンス・メノナイト教会（ＧＣ）の海外宣教委員会は１９５１年

に宣教師の一団を日本に派遣した。彼らはしばらく神戸で日本語を学びつつ伝道を行ったが、宣教地として選んだのは宮崎県だった。彼らの伝道活動により、52年には宮崎市や神戸市で、54年には都城市、日南市で教会が発足した。54年にはそれまでに設立されていた教会が九州メノナイト協議会を結成し、翌年にはジェネラル・コンフェレンス・メノナイト・ミッションが宗教法人として認可された。65年にはGC宣教団と協議会が合併し九州メノナイト・キリスト教会会議が発足した。60年代後半以降は宮崎県だけでなく、大分や福岡（99年閉鎖）、広島で伝道活動を行い、西日本各地に教会を広げていった。76年には日本メノナイト・キリスト教会会議に改称した。

教会会議に属する成員は2012年には390人を数えた。加盟教会の大部分は最初の宣教地である宮崎県にある。宮崎市に4、都城、日南、日向、小林、愛宕、高城に各1と10教会が県内にある。他には大分と別府、さらには広島と神戸にも教会があり、合計14教会から構成されている。

日本キリスト兄弟団《けいていだん》（BIC）(7)

北米キリスト兄弟団（BIC）の外国宣教委員会が最初の宣教師ピーターとメアリー・ウィルムス夫妻を日本に派遣したのは1953年のことだ。彼らが最初の宣教地として選んだのは、山口県萩市だった。翌年10月に洗礼を受けた3人の信徒が、最初の受洗者だ。55年にはドイルとセルマ・ブック夫妻も日本に到着し、萩市以外に、長門市、滝部、山口市、下関市で宣教が行われ、教会や伝道所が作られていった。63年から東京でも伝道が行われ小金井市に貫井南町教会、小平市にその娘教会の弥生台教会が設立された。65年には山口の全教会の役員が集う最初の集会が開かれ、71年にはこれらの教会を結びつける組織として山口県キリスト兄弟団教会協議会が設立された。

80年以降北米ＢＩＣの外国宣教委員会から新たな宣教師が派遣され日本の牧師と共に、新下関、府中、名古屋で開拓伝道を行った。83年には日本キリスト兄弟団という統一的な教団組織が設立された。ただし、山口とは方針が違った東京の貫井南町教会はこれに参加せず、単立教会の道を選んだ。

２０１２年の成員数は２１９人、教会数は7、そのうち4つは山口県（萩市1、長門市1、下関市2）にある。他に愛知県の名古屋市とみよし市、東京の小平市に教会が、下関市に滝部伝道所がある。

東京地区メノナイト教会連合（ＴＡＦＭＣ）[8]

50年代から始まった各団体の宣教は、大阪を中心としたＭＢをのぞき、北海道、宮崎、山口という地方で行われた。冒頭で挙げたのは、ＭＣのＭＢＭ事務局長Ｊ・Ｄ・グレーバーが１９５０年に日本での宣教のために出した方針だ。ＭＢＭやＢＩＣが、他教派の教会や宣教師が乏しい地方で宣教を始めたため、現在も彼らの教会の多くは大都市圏ではなく地方にある。

しかし、当初から教育や就労の機会を求めて、地方を離れ大都市、特に東京に移住する信徒たちは多かった。これら地方の信徒たちの受け皿になった東京の教会が、方南町キリスト教会だ。ＭＢＭによって派遣され53年に来日したダンとドロシー・マッカマン夫妻の活動で始まったが、61年には教団の枠を越えたメノナイト合同教会になった。

64年には東京の方南町教会と貫井南町教会、埼玉の三郷キリスト教会という関東の三教会が教団を超えて京浜伝道協力会を結成した。その後貫井南町教会が単立教会になり協力会とＢＩＣを離れたが、残った教会によって東京地区メノナイト教会連合が作られた。現在では、茨城の日立キリスト集会や埼玉の見沼キリスト教会も連合に加わり、相互に連絡を取り合うなどの関係を築いている。

新フッタライト大輪キリスト教会[9]

日本のメノー派教会が北米諸団体の宣教から生まれたのに対し、日本のフッター派共同体は一人の日本人牧師から生まれた。日本基督教団郡山細沼教会の牧師だった井関磯美は、使徒言行録で描かれた原始エルサレム教会のような、一切のものを共有する共同体生活に感銘を受けた。彼は１９５６年に教会員の母子二人と共に郡山で原始教会共同体生活団を結成し、理念を実践に移した。

図27　方南町キリスト教会（東京・杉並）永本撮影

井関は67年に榊原巌の著作を読み、フッター派（フッタライト）について学ぶようになった。その後カナダのフッタライトと交流するようになり、彼らから人里離れた山で農業を行いながら共同生活を送ることを薦められた。そのため井関は、栃木県那須郡黒羽町大字大輪（現在は大田原市大輪）に土地を買い、72年に郡山の信徒たちと共に大輪に入植した。これ以降信徒たちは、大輪コロニーで農業を営みながら財産共有制を敷く共同体生活を送るようになった。

77年に井関はカナダを訪問し、フッタライトの正規の説教師として按手礼を受けた。この後名称を新フッタライト大輪生活団、79年にはさらに新フッタライト大輪キリスト教会に改めた。名称に「新」を入れたのは、フッタライトの伝統的生活様式を引き継ぎつつ、彼らが住む日本の風土や社会環境に適応した信仰生活を送ろうと考えたためだ。

80年には菊田浮海夫が第二説教者に選出され、83年に井関牧師が亡くなった後の教会で司牧している。大輪コロニーは、養鶏場で育成された地鶏の卵や有機農法で作られた野菜といった畜産・農業によって経済的に支えられている。

日本の再洗礼派

日本での宣教は北米の四教団がそれぞれ行ったため、日本でも四つの教団が並立している。他方、教団を超えた協力組織として日本メノナイト宣教会（ＪＭＦ）がある。１９７１年に結成されたＪＭＦは、教団の枠を越えて協力しながら東日本大震災などの災害支援を行っている。

戦後の宣教によって始まったメノナイト教会は、２０１２年には70以上の教会に２９８５人の信徒を擁するところまで成長した。しかし、宣教が活発に行われ教勢が拡大していた時期は既に終わり、メノナイト教会、大輪コロニー含め、信徒数が停滞・減少し、高齢化が進んでいる。

「弟子の道」を歩む

１５２５年の信仰洗礼によって生まれた再洗礼派は、迫害を逃れるためにヨーロッパ各地を転々としながらその信仰を守り続けた。しかし今や、彼らへの迫害はほとんどの場所で過去のものとなった。そして、彼らの信仰はヨーロッパを遙かに越えて広がり、多様な文化を背景に持つ人々に受け入れられている。約５００年という長い年月が流れる間に、彼らを取り巻く状況も彼ら自身の性格も大きく変わったのだ。

しかし、再洗礼派たちが、キリストに従って生きることを自らの意志によって決意し、洗礼を受け入れたことは16世紀も今も、そして西欧であろうとアフリカであろうと日本であろうと変わりがない。日本も含め世界中に広がった多様な再洗礼派教会は、今後も自らを取り巻く時代や状況に合わせ変化を続けていくだろう。それでも彼らがイエスに従う「弟子の道」を歩むことを選び、洗礼というかたちでその決意を告白した人々であることはこの先も変わらないだろう。

（1）宣教四十年記念誌編集委員会『宣教四十年記念誌　恵みのあと』（日本メノナイトキリスト教会協議会、1991年）13頁。

（2）日本での宣教全般については以下を参照。Masakazu Yamade, "The Anabaptist Mennonite Churches in Japan," in *Churches Engage Asian Traditions. Global Mennonite History Series: Asia*, eds., John A. Lapp and C. Arnold Snyder (Intercourse 2011), 277-310. 管見の限りでは、日本語で書かれた日本のメノナイトの歴史を概観できる学術研究は見当たらない。筆者が入手できた資料は、各教団や教会が作成した本、冊子の極一部、インターネットサイトに限られており、断片的な情報に基づき本章を記述せざるをえなかった。今後本格的な調査が待たれる。教団や教会発行の史料については、方南町キリスト教会付属の「フリードマン榊原ライブラリ」で閲覧させていただいた。心より感謝したい。

（3）MBについては以下を参照。日本メノナイト・ブレザレン教団『日本メノナイト・ブレザレン教会とは』（日本メノナイト・ブレザレン教団審議委員会、1976年）、有田優『メノナイト・ブレザレン

教会　初期日本宣教小史』（発行年不明。おそらく１９６１年）。現代までのＭＢの年表。http://nihon-mb.jimdo.com/mb 教団の紹介 /mb の年表 / [8 December 2016]。ＭＢの教会一覧。http://nihon-mb.jimdo.com/ あなたの街の教会 / [8 December 2016]

（４）日本のメノー派の統計については以下を参照。Mennonite World Conference (ed.), *World Directory* 2012, 10f.

（５）日本メノナイトキリスト教会協議会については以下を参照。『宣教四十周年記念誌　恵みのあと』。

（６）日本メノナイト教会会議については以下を参照。日本メノナイト・教会会議「沿革」http://kyokaikaigi60.com/history.html [8 December 2016]

（７）キリスト兄弟団については以下を参照。東條隆進『日本宣教における「地方」の問題—日本キリスト兄弟団の歩みを通して—』（関西ミッション・リサーチ・センター、東京ミッション研究所、１９９９年）；ドイル・ブック（岡崎寛人訳）『敷居が高い　日本におけるキリスト兄弟団の歩み』（日本キリスト兄弟団、１９９１年）。

（８）東京地区メノナイト教会連合については以下を参照。Yamade, "The Anabaptist Mennonite Chrches in Japan," 293, 299; Inamine, Yoshihira. "Tokyo Chiku Menonaito Kyokai Rengo (Tokyo Area Fellowship of Mennonite Churches)." Global Anabaptist Mennonite Encyclopedia Online. 1989. Web. 8 Dec 2016. http://gameo.org/index.php?title=Tokyo_Chiku_Menonaito_Kyokai_Rengo_(Tokyo_Area_Fellowship_of_Mennonite_Churches)&oldid=126596

（９）大輪コミュニティについては以下を参照。『20周年記念』（新フッタライト大輪キリスト教会、１９９２年）、坂井信生『聖なる共同体の人々』（九州大学出版会、２００７年）135—146頁。

エピローグ

再洗礼派と宗教改革の５００年

永本哲也

１５１７年にルターが「95箇条の提題」を公表してから５００年経った今も、宗教改革から生まれた再洗礼派は数多の困難を乗り越えて存続し続けている。西欧で生まれた彼らは今では世界中に広がり日本にまでたどり着いた。

最後に、再洗礼派と宗教改革の歴史を振り返ってみる。この数十年で、歴史学での再洗礼派と宗教改革に対する見方は大きく変わっている。現代的な視点から、再洗礼派と宗教改革の歴史を振り返った時、何が見えてくるだろうか？

正しい一つの教会は存在しない

近年の宗教改革史研究では、ルターやカルヴァンの宗教改革が正しく、再洗礼派はそこから逸れた者たちで、カトリックは宗教改革に反対する宗派だという、ルター派や改革派中心主義的な見方を採らなくなってきている。彼らはいずれもそれぞれのやり方で宗教改革を行おうとしていたと、宗教改革の多様性が認められるようになってきたのだ。

同じ傾向は、再洗礼派研究にも当てはまる。メノー派の歴史家ハロルド・S・ベンダーは、1944年に「再洗礼派のビジョン」という論文を刊行した。この中で彼は、再洗礼派はチューリヒで生まれ、スイス、南ドイツ、オーストリア、低地地方に広まったという単一起源説を唱えた。真の再洗礼派は分離主義や無抵抗主義を採るスイス兄弟団、フッター派、メノー派であり、ミュンツァー、農民戦争、ミュンスター再洗礼派と無関係だと考えたのだ。(1) このような見方がその後の再洗礼派研究で支配的になった。

しかし、1960年代以降、社会史的な実証研究がベンダー的な再洗礼派観を修正していった。再洗礼派の起源はスイスだけでなかったこと、初期のスイス再洗礼派では無抵抗主義はまだ支配的ではなかったこと、農民戦争やミュンツァーと南ドイツ再洗礼派の深い関係、メルヒオール派とメノー派の連続性が明らかになったためだ。こうしてスイス中心主義的な見方は維持できなくなり、再洗礼派の多様性が認められるようになった。

「再洗礼派」は、当初から一貫してひとまとまりの集団ではなかった。彼らの生まれた場所も一つではなかったし、様々な宗派に分かれていた。これらの宗派もまた、必ずしも一枚岩ではなく、絶えず分裂と合流を繰り返していた。現在の多数派であるメノー派やアーミシュも多数の教団に分かれている。再洗礼派の多様性と流動性は、彼らが頻繁に移動し、その後世界中に宣教を行ったことによってさらに促進された。

このように多様で流動的な集団から成る再洗礼派は、教えや信仰生活も多様だった。彼らは、幼児洗礼を避け信仰洗礼を行うことについては一致していたが、それ以外の教えや信仰生活の仕方については必ずしも一致していなかった。暴力の使用の是非、破門や忌避の厳格さ、徴兵に応じるかどうかや公教育に対する態度など、様々な問題をめぐって意見が分かれ、場合によっては分裂が起こった。そして、メノー派が世界中に広がっている現在、信仰生活のあり方はさらに多様になっている。

組織や教え、生活のみならず、アイデンティティのあり方も多様で流動的だった。再洗礼派が生まれた宗教改革の初期には、まだ「ルター派」や「改革派」といった統一的な教えや儀式、組織を持った確固とした宗派は存在しなかった。16世紀を通じて次第に宗派形成が行われていくと、再洗礼派内部でも次第に「スイス兄弟団」や「メノー派」という宗派としてのアイデンティティができてきた。『殉教者の鑑』のような様々な再洗礼派が利用する印刷物も、彼らのアイデンティティ形成に役立った。しかし、実際には「メノー派」は内部で分裂を繰り返し、ワーテルラント派は「Doopsgezinden」という独自の呼称を使うようになった。「スイス兄弟団」は17世紀半ばには自分たちを「メノー派」だと見なすようになったし、「メノー派」から離脱したアマンの支持者は「アーミシュ」という別の呼び名を使うようになった。このように宗派の呼称もアイデンティティも流動的なものだった。

ただし、諸教会の一致を目指す試みもまた、歴史の中では存在していた。オランダのメノー派の間では繰り返し教会一致を目指す動きが現れ、19世紀にはついに統合が実現した。様々な集団に分かれ、離れた場所に住んでいても、メノー派は宗派的アイデンティティをある程度保ち、他国の再洗礼派の苦境にたいして支援を行っていた。20世紀にはメノナイト世界会議MWCが作られ、世界に散らばる再洗礼派の間で共通のアイデンティティと協力関係を作ろうとしている。

再洗礼派の組織やアイデンティティは、他宗派からの影響や合流によって変化することがあった。近世を通して再洗礼派は、宗教的少数派として社会の中で独自の立場にあり、周囲とは距離を取っていた場合が多かったが、他方では、その歴史を通じて他宗派の人々と交流したり、場合によって合流することもあった。メソジストや敬虔主義の影響を強く受けたメノナイト・ブレザレンやキリスト兄弟団、ソ連やドイツのメノー派とバプテストの混交はその顕著な例だ。また、メノー派は、歴史的平和教会としてクエーカー、敬虔主義の流れを引くブレザレン教会と協力関係を築いている。(2)

ある特定の宗派やその信仰を絶対的に正しいと見なさず、多様性を認めるという近年の宗教改革の理解や再洗礼派観は、現代社会で広まっている異なる信仰や思想を尊重するという価値観と無関係ではないだろう。現代の多くの国家では信教の自由が認められており、様々な宗教や宗派に属す人たちが混じり合いながら暮らしている。信教の自由がある国では、ある特定の信仰が正しく、それ以外の信仰は間違っているという価値判断を国家が強制することはできない。

キリスト教内部でも、特に20世紀に入ってから宗派の違いを超えて相互に結びつき一致を目指そうというエキュメニズムの動きが活発化した。さらに、キリスト教の教会が、イスラームやユダヤ教、仏教など他の宗教を尊重するようになり、宗教間対話を行うようになっている。(3)このような価値観が浸透してきている現代だからこそ、宗教改革と再洗礼派の歴史を振り返った時、その内部には多様性に満ちた様々な改革の試みがあったことが重視されるようになってきたのだろう。

様々な信仰を持つ人々が入り交じりながら生きる

宗教改革は長らく、中世と近代の分水嶺となる大変革だったと見なされてきた。そして、宗教改革研究もまた、ルターや初期の宗教改革に関心を集中させてきた。しかし、近年の研究では、宗教改革を突然起こった大事件ではなく、長期的変化の一過程として理解しようという傾向が強まっている。

一方では中世後期に既に様々な改革の動きが現れており、宗教改革もそのような改革の動きをかなりの程度引き継いでいること、他方では16世紀後半以降に宗派化が進められ国家と社会の関係を大きく変化させたことが明らかになってきた。こうして、中世後期から17世紀にわたる長期的な変化の過程として、宗教改革が理解されるようになってきた。

再洗礼派に関する歴史学の研究でも、長らく再洗礼派が生まれた16世紀に注目が集まっていた。１９９０年代までは、ドイツ語、英語、日本語の再洗礼派に関する概説書は、概ねメノー・シモンズや16世紀中のメノー派の発展までを対象としていた。[4] 他方、２００７年出版の概説書『再洗礼主義・心霊主義必携１５２１―１７００年』では対象とする時代が17世紀あるいは近代まで広がっている。[5] 本書はさらに現代まで視野を広げ、再洗礼派の歴史を長期的な視野から概観しようと試みた。

宗教改革と再洗礼主義が登場した16世紀から現代までの間に宗教と社会の関係は根本的に変化した。宗教改革が始まると、各支配領域で公認された教会が、その領域の社会を「宗派化」しようとし、西欧社会は宗派の違いによって政治的、文化的に分裂することになった。

しかし、研究の進展により、宗派化が不完全にしか実現できなかったこともまた明らかになった。ヨーロッパには様々な支配領域が混在しており、それぞれ宗派的状況が異なっていた。少数派を厳格に排除しようとする場所もあれば、複数の宗派が公認されていた場所もあった。多くの場所では公認宗派以外を信奉する少数派が住んでおり、彼らを完全に排除することは難しかった。中には公認宗派以外の信徒を合法的に受け入れる場所も存在したが、信仰上の理由から亡命する者も少なくなかった。[6]

再洗礼派のような宗教的少数派は、ヨーロッパ各地で迫害された。そのため、彼らは、居住する特権を得られる場所を探し、そこへ移住することによって生き残りを計ることがあった。しかし、宗教的少数派を巡る状況は不安定であり、同じ場所でも時代によって変化するため、ひとたび居住権を失えば同じ場所に住み続けることはしばしば困難になった。そのため、多くの再洗礼派が移住を繰り返すことになった。

近世を通じて、再洗礼派以外にも様々な非国教徒たちが生まれ、宗教的少数派もますます多様になっていった。宗教的少数派を根絶し、宗派的統一を実現することは現実的ではなかった。また、宗派間の争いが甚大な被害を出したために、宗教的不寛容に対する批判も高まった。こうして、次第に宗教的少数派の存在を認める寛容令が出され、彼らの居住やある程度の信仰活動が認められる国が増えていった。(7)

近代に欧米諸国で次第に市民的平等が認められるようになると、宗教的少数派も他宗派の住民と同じ権利を持つ「国民」となった。こうして、再洗礼派は信仰を理由に迫害を受けることはなくなった。しかし、国民国家の政府は、通常成人男子に徴兵義務を課し、公教育を自ら行おうとしたため、武器を握ることを否定し、教育を自分で行おうとする再洗礼派は、国家と衝突することがあった。他方では、19世紀以降各国でナショナリズムが高まる中、メノー派の間でも国民意識が芽生え、自発的に軍役などの国民として義務を果たそうとする者も現れた。

20世紀に入ると、社会も急速に変化した。都市化や産業化が進み、科学技術が急速に発展し、高等教育が一般化するなかで、伝統的な価値観は揺らぎ、様々な人種や出自の人々が混じり合って暮らす社会になっていった。このような社会の変化に再洗礼派が示した反応もまた様々だった。社会の変化からなるべく距離を取り、伝統的生活を守ろうとする人々もいれば、変化に適応しながら信仰生活を送ろうという人々もいた。しかし、たとえ保守的な再洗礼派が周囲の人々のような近代的な生活に背を向けたとしても、それは彼ら自身が自由意志によって選択した結果だ。近世の再洗礼派は、まだこのような選択肢を持っていなかった。

こうして再洗礼派の歴史を通して、西洋社会で互いに相容れない信仰を持つ人々が隣り合いながら生活していくことを甘受するようになった過程が浮かび上がってきた。その意味で、再洗礼派の歴史は、16世紀以降西洋で宗教と社会の関係が大きく変化し、信教の自由が確立されるまでの過程を、宗教的少数派の側から見たもう一つの近現代史だ。

全世界に広がるつながり

近年歴史学では、「グローバルヒストリー」の影響力が増している。これは急速なグローバリゼーションやアジアなどの経済発展に影響を受け、一国史中心主義的な従来の歴史学の見方を越えて、世界各地の相互のつながりを考慮して歴史を描こうという試みだ(8)。

宗教改革研究も、ルターやカルヴァンのお膝元のドイツやスイス、英仏のような大国だけでなく、ヨーロッパ全体を視野に入れるようになってきている。宗教改革史の国際的学術雑誌『宗教改革史論叢』は２００９年に100周年記念号を出し、これまでの宗教改革史を振り返る特集を組んだ。そこではドイツ、スイス、スカンジナビア、ポーランド、チェコとスロバキア、ルーマニアとハンガリー、イタリア、スペイン、フランス、ベルギー、オランダ、ブリテン諸島というヨーロッパ全域の研究が扱われていた。(9)

さらに、宗教改革をヨーロッパだけでなくグローバルな観点から見直そうという動きも出てきている。パーカーによれば近年、近世にヨーロッパと他地域の人々の間に宣教や知識の伝達を通じたグローバルな相互作用があったこと、世界の諸王朝や諸宗教の間で様々な類似した動きが見られたことを指摘する研究が出てきている。(10) このように宗教改革史も西洋史を越えて世界史の一部になりつつある。

再洗礼派の歴史もまた、このようなグローバルな観点抜きには描けなくなっている。再洗礼派は、移住や宣教によって西欧から全世界に広がった。既に彼らの起源であるヨーロッパ大陸は信徒数で他の大陸に追い越され、再洗礼派の過半数は、アジア、アフリカ、ラテンアメリカといった非西洋圏に住んでいる。

メノー派自身、この変化を意識して自分たちの歴史を描こうとしている。２００３〜２０１１年にかけて「グローバル・メノナイト・ヒストリー・シリーズ」がメノー派によって編纂・刊行された。(11) このシリーズの計画は、１９９７年のＭＷＣで、メノー派とブレザレン・イン・キリストの歴史を語り、相互理解を促進し、世界での再洗礼派のキリスト教信仰の復興、拡大を活発化させるために始められた。そして、アフリカ編、ヨーロッパ編、ラテンアメリカ編、アジア編、北米編の全5巻が刊行された。このシリーズでは、全世界の個々の地域や国の歴史が網羅的にまとめられている。

グローバルな再洗礼派の歴史を考える際に重要なのが、再洗礼派のグローバル化は、キリスト教のグローバル化の一部だと言うことだ。ヨーロッパからアメリカ大陸へ移住した再洗礼派は、近世から近代にかけて新大陸に渡ったヨーロッパ人の一部だった。18世紀以来、国を超えて繰り返し起こった信仰復興運動の影響は再洗礼派にも及んでいるし、19世紀以降の再洗礼派による世界宣教も、プロテスタント全体の動きに影響を受けたものだった。20世紀以降キリスト教の教会で最も急激に勢力を伸ばしているペンテコスタリズムの影響は、他の宗派同様、メノー派にも及んでいる。[12] 教会の中心が非西洋圏へと移りつつあるのも、再洗礼派だけでなくキリスト教全体の傾向だ。[13] 再洗礼派の歴史は、宗教改革史だけでなく、キリスト教全体の歴史の一部でもあるのだ。

再洗礼派と宗教改革のこれから

宗教改革が始まってから500年の時が経ち、社会のあり方も人々の価値観も大きく変わった。それに伴い、キリスト教も再洗礼派も変化し続けている。そして、このような変化は、現代の我々の過去に対する見方にも当然影響を及ぼす。そのため、再洗礼派と宗教改革の歴史も、新たな視点から解釈し直され続けている。これからも、社会や価値観、そしてキリスト教と共に再洗礼派も変化し続けていくからには、再洗礼派と宗教改革の歴史像も更新され続けるだろう。

（1）Harold S. Bender, "The Anabaptist Vision," *The Mennonite Quarterly Review* 18 (1944) 67-88; 倉塚平「序説　ラディカル・リフォーメーション研究史」（倉塚平他編訳『宗教改革急進派』ヨルダン社、1972年）33—36頁。

（2）歴史的平和教会については以下を参照。Gingerich, Melvin and Paul Peachey. "Historic peace churches." Global Anabaptist Mennonite Encyclopedia Online. 1989. Web. 30 Apr 2016. http://gameo.org/index.php?title=Historic_peace_churches&oldid=88064

（3）エキュメニズムについては以下を参照。マドレーヌ・バロ（倉田清・波木居純一訳）『教会一致運動』（白水社：文庫クセジュ、1970年）、高柳俊一・松本宣郎編『宗教の世界史9　キリスト教の歴史2　宗教改革以降』（山川出版社、2009年）158—194頁。キリスト教教会が他宗教を尊重し、対話を通して相互理解を図ろうとする態度を示した例としては、カトリック教会が1965年に出した「キリスト教以外の諸宗教に対する教会の態度についての宣言」が挙げられる。南山大学監修『第2バチカン公会議公文書全集』（サンパウロ、1986年）195—200頁。

（4）ドイツの代表的な再洗礼派研究者が書いた小著 Hans-Jürgen Goertz, *Die Täufer. Geschichte und Deutung*, 2. Aufl. (München 1988) は、メノーの時代、1540年で年表を終えており、大学用のテキストでもある C. Arnold Snyder, *Anabaptist History and Theology: Revised Student Edition* (Kitchener 1997) も、やはりメノーと1600年頃までを対象にしている。ただし、再洗礼派だけでなく敬虔主義

者やクエーカーなど近世の少数派全般を扱ったゲルツの概説書では、16世紀中心ながら18世紀やそれ以降の再洗礼派の歴史についても記述されている。Hans-Jürgen Goertz, *Religiöse Bewegungen in der frühen Neuzeit* (München 1993). 日本で出された概説書や史料集も、概ねメノーおよび16世紀までを対象にしていた。出村彰『再洗礼派』（日本基督教団出版局、1970年）、倉塚平他編訳『宗教改革急進派』、出村彰、森田安一、倉塚平、矢口以文訳『宗教改革著作集8　再洗礼派』（教文館、1992年）。ただし、榊原巌『アナバプティスト派古典時代の歴史的研究』（平凡社、1972年）は、初期の時代を主な対象にしつつも、16世紀以降の長期的な歴史についても短く触れている。

（5）John D. Roth and James M. Stayer (eds.), *A Companion to Anabaptism and Spiritualism*, 1521-1700 (Leiden and Boston 2007).

（6）宗派間の併存や改宗・亡命については以下を参照。永田諒一『ドイツ近世の社会と教会――宗教改革と信仰派対立の時代』（ミネルヴァ書房、2000年）、踊共二『改宗と亡命の社会史――近世スイスにおける国家・共同体・個人』（創文社、2004年）。キリスト教の少数派だけでなく、ユダヤ教徒やイスラーム教徒もまた、近世ヨーロッパで改宗や移動を繰り返していた。関哲行、踊共二『忘れられたマイノリティ――迫害と共生のヨーロッパ史』（山川出版社、2016年）。

（7）寛容思想の浸透については以下を参照。H・カメン（成瀬治訳）『寛容思想の系譜』（平凡社、1970年）。非国教徒に信仰活動を認めた主な法令としては、1573年ポーランドで結ばれたワルシャワ協約、1579年のユトレヒト同盟規約13条、1598年フランスのナント勅令、1689年イングランド、1740年プロイセン、1781年オーストリアで成立した寛容令が挙げられる。ただし、これらの寛容令は全ての宗派・宗教を対象にしたものでも、完全な信教の自由を与えるものでもなかった。また、ナント勅令が1685年に撤廃されたように、場合によっては宗教的寛容が後退することもあった。

（8）近年のグローバル・ヒストリーの動向については以下を参照。水島司「グローバル・ヒストリー研究の挑戦」（水島司編『グローバル・ヒストリーの挑戦』山川出版社、２００８年）2―32頁。

（9）*Archiv für Reformationsgeschichte* 100 (2009).

（10）グローバルな観点から見た宗教改革研究の研究史については以下を参照。C. H. Parker, "The Reformation in Global Perspective," *History Compass* 12 (2014), 924-934. ２０１５年には日本でも公開シンポジウム「宗教改革の伝播とトランス・ナショナルな衝撃――宗教改革５００周年にむけて」（立教大学）が開かれた。そこで行われたアッポルドの講演は邦訳され出版された。ケネス・G・アッポルド（井上周平訳）「宗教改革のグローバルな理解にむけて（西洋史特集号）――（特集 宗教改革の伝播とトランス・ナショナルな衝撃：宗教改革５００周年にむけて）」（『史苑』76（1）、２０１５年）137―151頁。

（11）アフリカ編は２００３年に一度刊行され２００６年に再発売された。John A. Lapp and C. Arnold Snyder (eds.), *Anabaptist Songs in African Hearts. Global Mennonite History Series: Africa* (Intercourse 2006); John A. Lapp and C. Arnold Snyder (eds.), *Testing Faith and Tradition. A Global Mennonite History Series: Europe* (Intercourse 2006); Jaime Prieto Valladares, *Mission and Migration. Global Mennonite History Series: Latin America* (Intercourse 2010); John A. Lapp and C. Arnold Snyder (eds.), *Churches Engage Asian Traditions. Global Mennonite History Series: Asia* (Intercourse 2011); Royden Loewen and Steven M. Nolt, *Seeking Places of Peace. Global Mennonite History Series: North America* (Intercourse 2012).

（12）20世紀のプロテスタンティズムにおけるペンテコスタリズムの影響力の大きさについては以下を参

照。A・E・マクグラス（佐柳文男訳）『プロテスタント思想文化史——16世紀から21世紀まで』（教文館、２００９年）399―496頁。北米メノー派への影響についてはBauman, Harold E. "Charismatic Movement." Global Anabaptist Mennonite Encyclopedia Online. 1990. Web. 30 Apr 2016. http://gameo.org/index.php?title=Charismatic_Movement&oldid=113276、南米のメノー派への影響についてはValladares, *Mission and Migration*, 329-332、コンゴやエチオピアのメノー派への影響についてはLapp et al. (eds.), *Anabaptist Songs in African Hearts*, 82-83, 219-221を参照。

（13）ピュー・リサーチ・センターによれば、２０１０年のキリスト教徒のうち62％がラテンアメリカ、アフリカ、アジア太平洋に住んでおり、ヨーロッパと北米に住んでいる38％を大きく上回っている。PewResearchCenter, The Global Religious Landscape. Christians, December 18, 2012 http://www.pewforum.org/2012/12/18/global-religious-landscape-christians/ [30 April 2016]

再洗礼派関連略年表

年	月日	出来事
1525年	1月21日	スイスのチューリヒではじめての信仰洗礼が実行される。
1525年	4～12月	バルタザル・フープマイアーが南ドイツのヴァルツフートで信仰洗礼を始める。12月にオーストリア軍により占領されると、チューリヒに逃亡。
1526年	3月	チューリヒにおいて、再洗礼を行う者に対して死刑を適用するという布告が発せられる。
1526年	4月	フープマイアーがチューリヒを離れ、ニコルスブルクへ向かう。そこで再び再洗礼派の共同体設立を目指す。
1526年	5月	ハンス・フートが南ドイツのアウクスブルクでハンス・デンクから信仰洗礼を受ける。
1527年	1月5日	フェーリクス・マンツがチューリヒのリマト川で溺死刑に処せられる。最初の再洗礼派殉教者。
1527年	2月	スイスのシュライトハイムで再洗礼派の会議が行われ、ミヒャエル・ザトラーにより「シュライトハイム信仰告白」が起草される。
1527年	5月	フートがニコルスブルクを訪れ、終末思想をめぐってフープマイアーと対立する。

1527年	7月	フープマイアーがオーストリア当局に逮捕される。翌年3月に火刑に処せられる。
1527年	8月	スイス・南ドイツの再洗礼派の指導者が一堂に会した「殉教者会議」がアウクスブルクで開催される。
1527年	9月	フートがアウクスブルクで逮捕される。12月に獄舎の火事が原因で死亡する。
1528年	3月	「剣派」と対立した「棒派」がニコルスブルクを離れる際にマントを広げ、信徒たちに財産をすべて供出させる。財産共有の最初の実践。
1529年	4月	第二回シュパイエル帝国議会において、再洗礼派は事前の裁判なしに死刑に処すべきことが定められる。
1530年	5月	メルヒオール・ホフマンが北ドイツの都市エムデンで信仰洗礼を始める。
1533年	秋	ヤーコプ・フッターがモラヴィアで財産共有制を敷く共同体の指導者となる。
1534年	2月	北ドイツの都市ミュンスターで再洗礼派統治が始まる。翌年6月にミュンスターは陥落。
1536年	初頭	メノー・シモンズがカトリックの司祭職から離れ、オベ・フィリップスから信仰洗礼を受ける。
1536年	2月	フッターがティロールで火刑に処せられる。モラヴィアでは彼の後継者のもとで財産共有制度が整えられ、16世紀後半にフッター派は黄金時代を迎える。
1542年	夏	ベルナルディーノ・オキーノがイタリアからアルプス以北へ亡命。

1547年		メノー派がポーランドのヴィスワ川河口地帯への入植を許される。これ以降低地地方からの移住が進む。
1549年		ピエトロ・マネルフィが「ティツィアーノ」から再洗礼を受ける。
1551年	12月	マネルフィの証言により、イタリア各地で再洗礼派を逮捕する命令が出される。これにより北イタリアの再洗礼派運動が露見し、崩壊する。
1553年	10月27日	反三位一体論者ミカエル・セルヴェトゥスがジュネーヴで処刑される。
1557年		教会訓練をめぐりオランダのメノー派が分裂。高ドイツ派とワーテルラント派が主流派から離脱。
1564年		再洗礼派の賛美歌集「パッサウの城の牢獄でスイス兄弟団により神の恵みを通して書かれ歌われた何篇かの美しいキリストの歌」が出版される。
1567年		メノー派主流派が、フラマン派とフリースラント派に分裂。
1579年		反三位一体論者ファウスト・ソッツィーニがポーランドへ赴く。
1583年		再洗礼派の賛美歌集『アウスブント』第2版が出版される。
1601年		シャウエンブルク伯によりメノー派にアルトナでの居住権が与えられる。
1608年		ハンプトン・コート会議後のピューリタンへの迫害の激化により、多くの分離主義者がイングランドからオランダへ亡命する。
1609年		ジョン・スマイスが『信仰告白』を起草し、オランダのワーテルラント派に合併を申し出るが失敗。その後も交渉は続き、1615年に合併が実現する。

1611年		トマス・ヘルウィスとその支持者がスマイスのグループと袂を分かちイングランドに帰還。最初のバプテスト教会を設立。後にジェネラル・バプテストと呼ばれるようになる。
1614年	9月30日	ハンス・ランディスがチューリヒで処刑される。スイス最後の再洗礼派の処刑。
1622年	9月	神聖ローマ皇帝による追放令によりモラヴィアを追われたフッター派がハンガリー、トランシルヴァニアへ移住する。
1632年		ドルドレヒト信仰告白が成立。
1640年代		チューリヒからエルザスへの大量移住が起こる。
1660年		ドルドレヒトのメノー派長老ティーレマン・ヤンスゾーン・ファン・ブラフトによって『殉教者の鑑』初版が出版される。
1664年		メノー派の間で「羊たちの戦争」と呼ばれる論争が起こり、羊派と太陽派が分裂。
1671年		ベルンからプファルツへの大量移住が起こる。
1678年		オラニエ公によりメノー派にクレーフェルト市での市民権獲得を認める特権が付与される。
1680年		ヴィート伯によりメノー派にノイヴィート市での宗教的自由を認める特権が付与される。
1683年		下ライン地方のメノー派がペンシルベニアのジャーマンタウンへ移住。
1693年		エルザスに逃れたスイス再洗礼派が内部分裂し、ヤーコプ・アマンを指導者とするアーミシュが誕生する。

再洗礼派関連略年表

18世紀前半		スイス、南ドイツからメノー派やアーミシュがペンシルベニアへ移住。
1725年以降		シュヴェンクフェルト派が南シレジアからヘルンフートに移住。
1731年以降		ヘルンフートのシュヴェンクフェルト派がペンシルベニアへ移住。
1767年	10月	フッター派がトランシルヴァニアからワラキア（ルーマニア）に移住。
1770年	4月	フッター派がワラキアからウクライナに移住。
1788年	3月3日	ロシアのメノー派が皇帝エカテリーナ2世から兵役免除の特権を得る。
1789年以降		西プロイセンからロシアへの大量移住が起こる。
1817～60年代		南独のメノー派やアーミシュが、兵役免除と土地を求めアメリカ中西部へ移住。
1842年		フッター派がウクライナのラディチェワからロシア南部に移住。
1847年		オランダのメノー派がメノナイト宣教協会（DZV）を結成しジャワでの宣教を始める。
1860年		ロシアでリバイバル運動の影響を受けたメノナイト・ブレザレン（MB）が成立。
1874年以降		ロシアのフッター派が北米へ移住。
1889年		ロシアのMBから派遣されたフリーセン夫妻がインドで宣教を始める。

１９１２年		ディフェンスレス・メノナイト教会と中央会議メノナイト教会がコンゴ内陸宣教会（ＣＩＭ）を共同で設立し、コンゴで宣教を始める。
１９１７年		メノナイト教会（ＭＣ）のメノナイト宣教・慈善局（ＭＢＭＣ）が、アルゼンチンに宣教師を派遣。ラテンアメリカへの宣教の始まり。
１９１７年以降		ロシア革命とソビエト連邦成立の混乱によりメノー派がカナダ、メキシコ、パラグアイ、ブラジルへ大量移住。
１９２０年代		カナダのメノー派が徴兵免除と教育上の自治を求めメキシコ、パラグアイに移住。
１９２５年		メノナイト世界会議（ＭＷＣ）がスイスのバーゼルではじめて開催される。
１９４１年以降		スターリン治下の迫害とドイツ軍の侵攻により南ロシアのメノー派が離散。ソ連東部、ドイツ、南米、カナダへ。
１９４５年		ＭＣのメノナイト宣教団メノナイト救援委員会がエチオピアで宣教を始める。
１９４８年以降		プロイセンやポーランドからのメノー派難民がウルグアイへ移住。
１９４９年		北米ＭＢのティルマン夫妻が大阪で宣教を始める。
１９４９年		北米ＭＣのメノナイト宣教団（ＭＢＭ）が宣教師を日本に派遣。北海道での宣教の始まり。
１９５１年		北米ジェネラル・コンフェレンス・メノナイト教会（ＧＣ）の海外宣教委員会が宣教師の一団を日本に派遣。宮崎での宣教の始まり。

1952年		オランダ、ドイツ、スイス、フランス四カ国の宣教局が合同してヨーロッパ・メノナイト宣教委員会（ＥＭＥＫ）を結成し、インドネシアやアフリカで宣教を行う。
1953年		北米キリスト兄弟団（ＢＩＣ）の外国宣教委員会が最初の宣教師夫妻を日本に派遣。山口での宣教の始まり。
1950年代後半		メキシコの保守派がベリーズ、ボリビア、パラグアイへ移住。
1963年		ソ連でメノー派が、福音派キリスト教徒―バプテスト全連合会議に参加。
1964年		東京のメノー派教会が合同で、京浜伝道協力会を結成。その後東京地区メノナイト教会連合（ＴＡＦＭＣ）に発展。
1972年		元日本基督教団牧師の井関磯美は郡山の信徒と共に栃木県の大輪に入植し共同生活を始める。後に新フッタライト大輪キリスト教会に改称。
1980年代		ボリビアのメノー派の一部が治安の悪化によりアルゼンチンへ移住。

図版出典一覧

図1　フェーリクス・マンツの溺死刑　Urs B. Leu and Christian Scheidegger (eds.), *Die Zürscher Täufer 1525-1700* (Zürich 2007), 61.　所蔵先：Zentralbibliothek Zürich, Ms B 316, fol. 284v.

図2　ルター記念碑（シュトッテルンハイム）　https://commons.wikimedia.org/wiki/File:Stotternheim_Luther-Denkmal.jpg

図3　アンドレアス・カールシュタット『馬車』（ルーカス・クラーナハ（父）作、１５１９年）　http://www.zeno.org/Kunstwerke/B/Cranach+d.+%C3%84.,+Lucas%3A+Himmelwagen+und+H%C3%B6llenwagen+des+Andreas+Bodenstein+von+Karlstadt

図4　洗礼をめぐっての公開討論（１５２５年１月）　https://de.wikipedia.org/wiki/Datei:T%C3%A4uferdisputation_1525.jpg

図5　１４４０００人の額に印をおす御使たち（「ヨハネの黙示録」第7章）　C. Arnold Snyder, *Anabaptist History and Theology: An Introduction* (Ontario 1995), 72.　初出：ハンス・ホルバイン作　チューリヒ聖書（１５３１年）

図6　モラヴィアのフッター派の家族　http://www.gameo.org/encyclopedia/images/AMC_X-31-1_17_30.jpg　初出：Christof Erhard, *Gründliche kurtz verfaste Historia* (München 1588).

図7　パンフレット『ミュンスター王国と再洗礼派の始まりと終わり』（１５３６年）　Rommé, Barbara (ed.), *Das Königreich der Täufer, vol.1, Reformation und Herrschaft der Täufer in*

Münster (Münster 2000), 215.

図8　16世紀におけるメノー派の分裂と統合の過程　山本作成

図9　17世紀から19世紀にかけてのアムステルダムのメノー派の分裂・統合過程　山本作成

図10　シュライトハイム信仰告白　https://commons.wikimedia.org/wiki/File:Titelseite_Schleitheimer_Artikel.jpg

図11　『包囲と征服の歴史』（１５３５年7月17日出版）Exemplar der Herzog August Bibliothek, Wolfenbüttel. 出典：Günter Vogler, "Das Täuferreich zu Münster im Spiegel der Flugschriften," in *Flugschriften als Massenmedium der Reformationszeit*, ed., Hans-Joachim Köhler (Stuttgart 1981), 345.

図12　ヤン・ファン・ライデンが表紙のパンフレット（１５３５年出版）　Exemplar der UB Münster. 出典：Vogler, "Das Täuferreich zu Münster im Spiegel der Flugschriften," 347.

図13　ノイエ・ツァイトゥング（１５３５年出版）　Exemplar der Herzog August Bibliothek, Woflenbüttel. 出典：Vogler, "Das Täuferreich zu Münster im Spiegel der Flugschriften," 333.

図14　ノイエ・ツァイトゥング（１５３５年出版）　Exemplar der Österr. Nationalbibliothek, Wien. 出典：Vogler, "Das Täuferreich zu Münster im Spiegel der Flugschriften," 336.

図15　ミュンスターのランベルティ教会の囚人たち（１５３６年出版）　Exemplar der Stadt- und Universitätsbibliothek Frankfurt/Main. 出典：Vogler, "Das Täuferreich zu Münster im Spiegel der Flugschriften," 351.

図16　ゼルファーエスの殉教　『殉教者の鑑』１５６５年版より　https://mla.bethelks.edu/holdings/scans/martyrsmirror/mm%20bk2%20p327.jpg

図17　ケルンの都市図　Sievers, Anke D. (bearb.), *Köln von seiner schönsten Seite: Das Kölner*

Stadtpanorama in Drucken vom 15. bis zum Ende des 18. Jahrhunderts in den Graphischen Sammlungen des Kölnischen Stadtmuseums und der Kreissparkasse Köln herausgegeben von Werner Schäfke (Köln 1997) 30.

図18　ベルナルディーノ・オキーノ Bernardino Ochino, *I "Dialogi sette" e altri scritti del tempo della fuga*, a cura di Ugo Rozzo, Torino, 1985, 図像 n.5.

図19　ヤン・ムンターのパン工場スケッチ　J. G. de Hoop, *History of the Free Churchmen* (Ithaca, New York: Andrus & Churck, 1922), 1.

図20　アウスブント（１５６４年初版表紙）　http://gameo.org/Ausbund

図21　川に落ちた追跡者を救助するディルク・ウィレムスゾーン。『殉教者の鑑』１６８５年版より https://en.wikipedia.org/wiki/Dirk_Willems#/media/File:Dirk.willems.rescue.ncs.jpg

図22　元ドミニコ会修道院だったチューリヒのエーテンバッハ。初出：Hans Heinrich Bluntschli (ed.), *Merckwürdigkeiten Der Statt Zürich Und Dero Landschafft* (Zürich 1711). 出典：Leu et al. (eds.), *Die Zürscher Täufer 1525-1700*, 251.

図23　アマンの署名（イニシャル）１６９７年　Robert Baecher, "Research Note: The 'Patriarche' of Sainte-Marie-aux-Mines", *Mennonite Quarterly Review* 74-1 (2000), 158.　所蔵：Archives Départementales du Haut-Rhin 4E, Sainte-Marie-aux-Mines, 80-85, E 2792.

図24　アマンの署名（フルネーム）１７０１年　John A. Hostetler, *Amish Society* (Baltimore and London 1993), 4th Edition, 46.　所蔵：Archives Départementales du Haut-Rhin, 19J 169.

図25　サバティッシュのフッター派教会　http://de.wikipedia.org/wiki/Datei:Haban_chaple_in_Soboti%C5%A1te.jpg

図26　インディアナ州エルクハート郡ゴーシェンのヒルサイド・アーミッシュ・スクール。踊共二氏撮

影。２０１２年
図27　方南町キリスト教会（東京・杉並）永本撮影
地図1　ヨーロッパ内での再洗礼派の主な移住経路　https://commons.wikimedia.org/wiki/File:Hutterite_migrations_in_Europe.png　を参考に早川が作成
地図2　ヨーロッパ外での再洗礼派の主な移住経路　永本作成
地図3　２０１５年の再洗礼派の居住地　永本作成

あとがき

永本哲也

これは、宗教改革の時代に生まれた再洗礼派がたどってきた歴史を、16世紀から現代まで追いかけた本だ。宗教改革というと、ルターやカルヴァンといった偉大な改革者を思い浮かべる人が多いだろうが、16世紀に宗教改革を行おうとした人たちは、彼ら以外にもたくさんいた。この時代には、聖書を読んだり、説教を聞いて、正しい信仰はどうあるべきかを考え、実践しようとした人が次々と現れた。彼らは、喧々諤々の議論を交わし、場合によっては敵に剣を振るった。再洗礼派も、自分たちなりに宗教改革をしようとしていた人たちの一員だった。

とはいえ、再洗礼派という一つの集団があったわけではない。洗礼を受ける時に信仰が必要だと考えることは共通していても、それ以外の教えや信仰生活の仕方は教会によって様々だった。住む場所も色々で、頻繁に離合集散や移住をした。彼らを取り巻く環境も、場所や時代で千差万別だ。多様で流動的な再洗礼派の歴史を描くことは、どうしても難しい。

この本で、私たちはこの難しい課題に取り組んだ。500年にわたる再洗礼派の歴史の全体像を描き出そうとした試みは、日本ではこの本がはじめてだろう。どれくらい上手くいったかは分からないが、再洗礼派の歴史の大きな流れは描き出すことができたのではないかと思っている。

しかし、再洗礼派の歴史は、より大きな歴史の一部でもある。この本では、再洗礼派という少数派の歴史を通して、宗教改革が当初から多様だったこと、西洋社会が信教の自由を認めない近世社会から少数派も国民として包摂しようという国民国家へ変化したこと、そしてキリスト教のグローバル化を浮き彫りにした。その意味でこの本は、少数派から見たもう一つの宗教改革史・近現代史・キリスト教史になっている。

日本で再洗礼派の歴史研究が盛んになったのは、１９７０年代のことだった。出村彰、森田安一、倉塚平、榊原巌など錚々たる研究者が、次々と再洗礼派に関する研究や翻訳を公表したのがこの時期だった。その後も再洗礼派に関する論文や本は時折刊行されていったが、研究が活発に行われていたとは言いがたい。また、海外では再洗礼派研究がどんどん進んでいるのに、その成果も日本ではなかなか紹介されなくなっていた。

私たちが、この本を出そうと思ったのは、このような状況に危機感を持ち、再洗礼派に関心を持った人が、新しい研究の成果を盛りこんだ再洗礼派の歴史を手軽に読めるようにするためだ。

もしこの本を読んでもっと知りたいと思うテーマがあったら、各章の註に参考文献が挙がっているので、ぜひそちらも読み、さらなる深みへと進んでいただきたい。新しい研究は、*Mennonite Quarterly Review* や *Mennonitische Geschichtsblätter* といった海外の再洗礼派専門誌で知ることができる。WEB上でも、英語のGAMEO (Global Anabaptist Mennonite Encyclopedia Online) http://gameo.org/、ドイツ語のMennLex (Mennonitisches Lexikon) http://www.mennlex.de/ という信頼できるオンラインの再洗礼派事典が見られるので、多くのことはすぐに知ることができる。

この本で、私たちが前の世代の研究者から受け取った研究のバトンを、次の世代に渡すことができるだろうか。もし誰かが受け取ってくれるなら、これ以上の喜びはない。

この本は、新教出版社の月刊誌『福音と世界』2013年4月号から2015年3月号まで連載した論考を元にしている。この連載企画は、当時新教出版社の編集者だった深谷有基さんが私に声をかけてくれたことから始まった。2012年の夏にクーラーがかかっていない新教出版社の一室で、深谷さんが私に、再洗礼派に関する連載をやってみないかと熱っぽく語っていたことを思い出す。その後私が、早川朝子と山本大丙に声をかけ連載企画に加わってもらった。そこで当時三人が主催していた再洗礼派勉強会で、他の参加者にこの企画について話したところ、彼らも連載に加わってくださることになった。連載のタイトルや全体構成を決める際には、武蔵大学の踊共二先生から多くの助言をいただいた。心より感謝したい。

連載は再洗礼派の歴史を16世紀から現代まで概観するものになったが、再洗礼派を専門に研究しているのは永本、早川、山本の三人だけ、さらに全員が中近世史の研究者ということで、かなり無謀なものだった。それでもあえて断行したのは、これまで余り紹介されてこなかった近現代の再洗礼派の歴史も紹介したかったからだ。ということで、多くの論考は専門でない領域を各執筆者が必死に勉強しながら書いたものだ。その意味で、この連載そしてこの本には限界がある。私たちにできたのはここまでなので、いつか専門家による通史が書かれることを期待したい。

連載途中で、担当編集者が深谷さんから中村吉基さんに代わったが、2年間24回にわたり連載は続き、無事当初の予定通り完結させることができた。

2年の連載が終わった後、本書の編者4人によって単行本化に向けての編集作業が始まった。複雑な再洗礼派の歴史が分かりやすくなるように、全体構成を練り直し、新たな論考や地図、年表を付け加え、連載時にはつけられなかった註で典拠と参考文献を示した。単行本化に向けて繰り返し行われた話し合いには、深谷さんも参加して下さった。深谷さんからは編集者の立場から様々な助言をしていただいた。最初から最後までずっとお世話になりっぱなしで、本当にありがとうございました。

また、このような知名度の低いテーマを扱った本を単行本化して下さった新教出版社の小林望社長に御礼申し上げる。

この本が出版されるのは、奇しくも宗教改革500周年の年になった。再洗礼派による宗教改革の試みを描いたこの本が、読者の方々の宗教改革理解を少しでも豊かにすることを願ってやまない。

2016年12月10日

執筆者略歴

猪刈由紀（いかり・ゆき）
１９７１年生まれ。京都大学修士課程、ボン大学博士課程修了（Ph.D）。上智大学、東洋大学ほか非常勤講師。主要業績：*Wallfahrtswesen in Köln vom Spätmittelalter bis zur Aufklärung* (Köln 2009).「18世紀ケルン市参事会の政策に見る世俗化と宗派性の変容――巡礼援助と対プロテスタント政策を事例として」（『西洋史学』245、２０１２年）。「ハレ・フランケ財団（シュティフトゥンゲン）における救貧と教育――社会との距離・神との距離・積極性」（『キリスト教史学』70、２０１６年）。

鈴木喜晴（すずき・よしはる）
１９７３年生まれ。早稲田大学大学院文学研究科博士課程単位取得満期退学。早稲田大学本庄高等学院非常勤講師。主要業績：「ジョン・ベーコンソープのカルメル会史擁護――修道会の「正統性」と「継承」理念」（『史観』第160冊、２００９年）。「14世紀修道会史叙述における「隠修」の問題――カルメル会とアウグスティヌス隠修士会を中心に」（『エクフラシス――ヨーロッパ文化史研究』第１号、２０１１年）。「14世紀カルメル会士の預言的伝統と修道制――ヒルデスハイムのヨハネス『擁護者と誹謗者の対話』より」（甚野尚志・益田朋幸編『ヨーロッパ文化の再生と革新』知泉書館、２０１６年）。

高津秀之（たかつ・ひでゆき）
１９７４年生まれ。早稲田大学大学院文学研究科単位取得満期退学。博士（文学）。東京経済大学経済学部准教授。主要業績："Die Neuorganisation des Militärwesens in der Stadt Köln 1583: Über-legungen zum Einfluss auf das politische Verhältnis zwischen Rat und Gemeinde," in: *Jahrbuch des Kölnischen Geschichtsvereins* 76 (2005).「手術台の上のルターと宗教改革者たち──ヨハネス・ナースの対抗宗教改革プロパガンダ」（『エクフラシス──ヨーロッパ文化研究』第３号、２０１３年３月）。「カトリックを棄てた大司教──ゲプハルト・トルフゼスの改宗とケルン戦争」（甚野尚志・踊共二編『中近世ヨーロッパの宗教と政治──キリスト教世界の統一性と多元性』ミネルヴァ書房、２０１４年）。

高津美和（たかつ・みわ）
１９７５年生まれ。早稲田大学大学院文学研究科博士後期課程単位取得退学。早稲田大学文学学術院非常勤講師。主要業績：「フランチェスコ・ブルラマッキの陰謀──16世紀ルッカの政治と宗教」（『エクフラシス』第５号、２０１５年）。「16世紀ルッカにおけるアオニオ・パレアリオの教育活動──近世イタリアの宗教的「共生」をめぐる一考察」（森原隆編『ヨーロッパ・「共生」の政治文化史』成文堂、２０１３年）。

津田真奈美（つだ・まなみ）
１９８４年生まれ。東北学院大学大学院ヨーロッパ文化史専攻博士後期課程単位取得退学。東北学院大学ヨーロッパ文化総合研究所客員研究員。主要業績：「トマス・ヘルウィスの A Declaration of Faith における聖書引用について」（『東北学院大学　ヨーロッパ文化研究』12、２０１１年）。「バプテスト黎明期の聖礼典理解――ジョン・スマイスとトマス・ヘルウィスの「分裂」をめぐって」(『キリスト教史学』70、2016年)。

栂香央里(とが・かおり)
1980年生まれ。日本女子大学文学部史学科博士課程後期単位取得満期退学。博士(文学)。日本女子大学文学部史学科学術研究員、兼任講師。主要業績:「16世紀南ドイツにおけるフッガー家のオヤコ関係――モントフォルト伯家との関係を中心として」(『比較家族史研究』29、2015年)。「宗教改革期アウクスブルクにおけるフッガー家――宗派対立・寛容のはざまで」(森田安一編『ヨーロッパ宗教改革の連携と断絶』教文館、2009年)。

永本哲也(ながもと・てつや)
1974年生まれ。東北大学大学院文学研究科博士後期課程修了。博士(文学)。東海大学、獨協大学、川村学園女子大学非常勤講師。主要業績:「宗教改革期ミュンスターの社会運動(1525―35年)と都市共同体――運動の社会構造分析を中心に」(『西洋史研究』新輯第37号、2008年)。「ミュンスター宗教改革運動における市参事会の教会政策――1525―34年市内外諸勢力との交渉分析を通じて」(『歴史学研究』876、2011年2月号)。「帝国諸侯による「不在」の強制と再洗礼派による抵抗――1534―35年ミュンスター包囲戦における言論闘争と支援のネットワーク形成」(『歴史学研究』947、2016年8月号)。

早川朝子(はやかわ・あさこ)
1966年生まれ。国際基督教大学大学院比較文化研究科博士課程修了。博士(学術)。国際基督

教大学アジア文化研究所研究員、東都医療大学非常勤講師。主要業績：「アウクスブルクにおける再洗礼派の秘密集会――租税台帳を手がかりに」（高澤紀恵、吉田伸之、フランソワ＝ジョゼフ・ルッジウ、ギョーム・カレ編『別冊都市史研究　伝統都市を比較する　飯田とシャルルヴィル』山川出版社、２０１１年）。ベアトリス・M・ボダルト＝ベイリー『犬将軍』（翻訳）（柏書房、２０１５年）。

山本大丙（やまもと・たいへい）
１９６９年生まれ。２００２年早稲田大学大学院博士課程退学。早稲田大学文学研究科非常勤講師。主要業績：「商人と母なる貿易――17世紀初期のアムステルダム商人」（『史観』第152冊、２００５年）。「近世オランダ共和国のメノー派商人」（『創文』第514号、２００８年）。「バルタザール・ベッカーと悪魔――17世紀オランダにおける信仰と『脱魔術化』」（『西洋史論叢』第30号、２００８年）。

（以上50音順）

ヤ・ラ・ワ行

マ行

ナ行

ハ行

タ行

カ行

サ行

地名索引

ア行

マ・ヤ行

サ行

タ・ナ行

ハ行

人名索引

ア行

カ行

旅する教会

再洗礼派と宗教改革

2017年2月1日　第1版第1刷発行

編者……永本哲也、猪刈由紀
　　　　早川朝子、山本大丙

発行者……小林　望
発行所……株式会社新教出版社
　〒162-0814 東京都新宿区新小川町 9-1
　電話（代表）03（3260）6148
　振替 00180-1-9991
印刷…… モリモト印刷株式会社

ISBN 978-4-400-22725-0　C1022